Aos seus pulmões

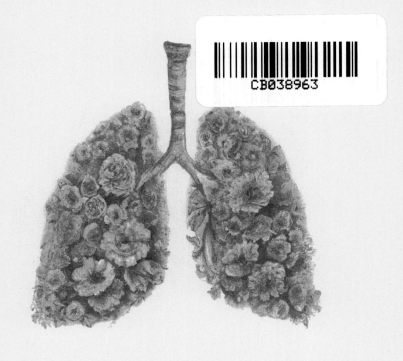

BRUNA MAIA ROCHA AFLALO

Aos seus pulmões

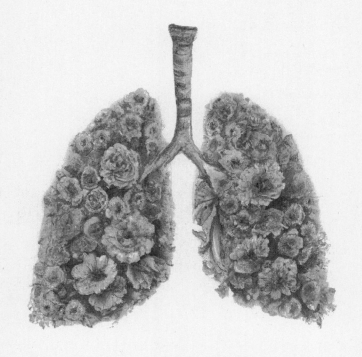

BRUNA MAIA ROCHA AFLALO

Copyright © 2023 by Editora Letramento
Copyright © 2023 by Bruna Maia Rocha Aflalo

Diretor Editorial Gustavo Abreu
Diretor Administrativo Júnior Gaudereto
Diretor Financeiro Cláudio Macedo
Logística Daniel Abreu e Vinícius Santiago
Comunicação e Marketing Carol Pires
Assistente Editorial Matteos Moreno e Maria Eduarda Paixão
Designer Editorial Gustavo Zeferino e Luís Otávio Ferreira
Revisão Heloísa Pereira Vale
Revisão e preparação Daniel Rodrigues Aurélio (Barn Editorial)
Ilustrações Raphael Figueiredo
Capa Sergio Ricardo
Imagem da capa Feita usando o Dall.e.2 (https://openai.com/product/dall-e-2)

Todos os direitos reservados. Não é permitida a reprodução desta obra sem aprovação do Grupo Editorial Letramento.

Dados Internacionais de Catalogação na Publicação (CIP)
Bibliotecária Juliana da Silva Mauro – CRB6/3684

A257a   Aflalo, Bruna Maia Rocha
          Aos seus pulmões / Bruna Maia Rocha Aflalo. - Belo Horizonte : Letramento, 2023.
          128 p. il. ; 14 x 21 cm.

          ISBN 978-65-5932-328-9

          1. Filha. 2. Doença. 3. Amor. 4. Relato. 5. Cuidados paliativos. I. Título.

                            CDU: 159.947
                            CDD: 158.2

Índices para catálogo sistemático:
1. Autoajuda - Relações interpessoais 159.947
2. Autoajuda - Relações familiares 158.2

LETRAMENTO EDITORA E LIVRARIA
Caixa Postal 3242 – CEP 30.130-972
r. José Maria Rosemburg, n. 75, b. Ouro Preto
CEP 31.340-080 – Belo Horizonte / MG
Telefone 31 3327-5771

Para Alice, luz da minha vida.

sumário

9   **PREFÁCIO**

13   **IMAGINA SE FOSSE COM A GENTE**
           (por Bernardo, pai da Alice)

23   **CAPÍTULO 1.**
           PRECISO FALAR DE ALICE

31   **CAPÍTULO 2.**
           506 DIAS

43   **CAPÍTULO 3.**
           A MÉDICA, O PADRE, A PSICÓLOGA E OUTROS RANÇOS

55   **CAPÍTULO 4.**
           NOSSA ALDEIA

67   **CAPÍTULO 5.**
           ELAS, AS MÃES DE UTI

75   **CAPÍTULO 6.**
           A ONDA GIGANTE, A NUVEM NEGRA, O BOTÃO VERMELHO

89   **O MAIOR APRENDIZADO**
           (por Bernardo, pai da Alice)

97   **CAPÍTULO 7.**
           DEPOIS DE UM AMOR ASSIM

105   **CAPÍTULO 8.**
           A CURA

121   **CAPÍTULO 9.**
           AOS SEUS PULMÕES

PREFÁCIO

Eram meados de novembro de 2019, bem próximo ao meu aniversário. Como acontecia diariamente, após algumas reuniões no hospital, eu estava chegando à UTI Pediátrica quando fui informada de que havia uma pessoa me aguardando. Eu já sabia do que se tratava: uma mãe que queria conhecer a UTI Pediátrica para decidir se transferiria ou não a sua filha para nosso hospital. Preparei-me para ouvir uma história triste, de uma criança com uma doença crônica, uma internação prolongada, pais cansados, cheios de dúvidas. Mas, como diriam os jovens hoje em dia: "Só que não."

Entra na minha sala uma moça linda, cabelos castanhos, um rosto meigo e a face um pouco cansada, mas encantadora. O aspecto dócil e delicado contrastando com perguntas extremamente objetivas, inteligentes, de quem conhecia muito bem o que era necessário para se fazer uma Unidade de Terapia Intensiva Pediátrica de qualidade. Tranquilamente, ela poderia assessorar vários gestores a montar UTIs Pediátricas muito boas pelo Brasil afora. Ela me fez as perguntas certas. Uma delas me deixou bem curiosa:

— Vocês podem tentar fazer uma ventilação mecânica protetora para a minha filha?

Esse não é um questionamento de uma pessoa leiga, sem formação na área da saúde. Pelo contrário, é uma pergunta de quem conhece ventilação mecânica, em geral médicos especializados em terapia intensiva. A Bruna, mãe da Alice, autora deste livro, é professora universitária de Linguística, servidora pública e professora de Italiano. A partir daquela nossa primeira conversa, comecei a entender que era uma pessoa que, além de conhecer muito bem a sua filha, como a grande maioria dos pais, tinha estudado com qualidade. Conhecia muito bem a doença da sua filha, as terapêuticas já utilizadas e as possibilidades futuras, com um raciocínio clínico muito melhor do que o de alguns médicos com os quais já convivi. Hoje em dia, obter informações é muito fácil e acessível a todos, mas diferenciar o que é bom do que é ruim é bem mais difícil, e compreender os textos médicos depende de um conhecimento básico que a população leiga em geral não tem.

Depois de alguns dias, passamos a ser a quarta Unidade de Terapia Intensiva Pediátrica a receber a Alice e sua família: o pai, Bernardo, a Bruna, as avós, Dona Edilse e Dona Rosana, e o avô, Senhor Nonô, que, mesmo sem estar fisicamente no hospital, estava presente em muitas das nossas conversas. A partir daí, passei a viver com essa família dias difíceis dentro da UTI, mas também dias tranquilos e momentos felizes em casa. Tenho aprendido bastante com eles e, apesar de extremo sofrimento, vi muito amor, carinho e colaboração.

Isso tudo tem muito a ver com o livro que você está prestes a ler. Embora a Bruna nos conte parte do que viveu nestes quatro anos após o adoecimento da Alice, sendo quase três deles dentro de unidades de terapia intensiva pediátrica, *Aos seus pulmões* é leve e, com sutileza e sensibilidade, consegue descrever problemas complexos, relacionamentos conturbados e situações extremamente difíceis.

Há uma frase do Dalai Lama que diz: "O período de maior ganho em conhecimento e experiência é o período mais difícil da vida de alguém." Simplifico essa frase para: "É possível tirar muitas coisas boas de momentos difíceis."

Este livro, sem dúvida, é algo muito bom que surgiu do maior sofrimento que uma mãe pode passar, que é vivenciar uma doença grave, por um tempo prolongado, no maior amor da sua vida, a sua filha.

Aos seus pulmões é acompanhado de trechos de letras de músicas muito agradáveis que abrem os capítulos e têm uma correlação interessante com o texto. Então, espero que você tenha uma excelente leitura e que as reflexões trazidas possam ser embaladas docemente pelas músicas aqui citadas.

DRA. LUCÍLIA SANTANA FARIA
Médica formada pela USP em 1986.
Especialista em Pediatria e Terapia Intensiva Pediátrica,
sua vivência diária há 34 anos. Quarta filha de um médico
anestesista e uma auxiliar de enfermagem, conheceu o
ambiente hospitalar ainda pequena, acompanhando os pais.

IMAGINA SE FOSSE COM A GENTE

(por Bernardo, pai da Alice)

Os dias que antecederam o início da doença da Alice foram curiosos. Meus pensamentos mais pareciam um pêndulo, oscilando entre o que pareciam dois extremos. Hoje sei que de extremos não havia nada.

D-4 (QUINTA-FEIRA, 11 DE ABRIL DE 2019)

4h30 da manhã, despertador não toca. Ele grita. Grita e te dá um tapa na cara. Foi isso o que aconteceu na quinta-feira, dia 11 de abril de 2019, como usualmente acontecia. Levantei rápido, troquei de roupa e fui pegar a van que saía de São José dos Campos e ia até o meu local de trabalho, no Itaim Bibi, em São Paulo. Eram quase três horas para ir e três para voltar, de duas a três vezes por semana. Nos outros dias, fazia *home office*, prática bastante rara naqueles dias e vista com alguma desconfiança pelo RH da empresa. Eu fazia o melhor para tentar aproveitar aquelas quase seis horas no trânsito, lendo, vendo algum vídeo, escrevendo minha tese de doutorado (afinal, estava no último semestre: "Só falta escrever") ou trabalhando.

Nesse dia, como de costume, a van parou em frente a um conjunto de prédios bonitos e imponentes (daqueles que você gasta quinze minutos andando da portaria até o prédio). Ali entraram, como também de costume, um jovem senhor e uma moça elegante de trinta e poucos anos que sempre puxava uma malinha de mão e cumprimentava todos com um sorriso. Lembro de ter cumprimentado e pensado, mais uma vez: "De onde essas pessoas tiram esse sorriso às 5h03 da manhã?". Não sei quem já teve essa experiência de pegar van com as mesmas pessoas, todos os dias, de madrugada. O tipo de interação que a gente estabelece se assemelha muito às interações entre vizinhos desconhecidos em um elevador. É como se fosse um elevador de três horas de duração. Alguns tentam puxar assuntos, outros ignoram, outros dão bom-dia, outros não. No final, todo mundo fica calado esperando chegar no seu andar.

Resumindo: foi uma quinta-feira normal, daquelas em que a gente acorda de madrugada, fica seis horas no trânsito, tem um dia de trabalho pesadíssimo e chega às 21h em casa, sem energia para absolutamente nada, com uma curiosa vontade de se vingar do despertador, como se ele fosse o responsável por tudo isso.

D-3 (SEXTA-FEIRA, 12 DE ABRIL DE 2019)

"Eu não aguento mais", pensei ao descobrir que tinha esquecido o carregador do computador do trabalho em São Paulo e, por isso, não conseguiria terminar algumas coisas importantes para a semana. Lembro que fiquei arrasado. Pensei nas noites maldormidas devido aos traslados frequentes e por ser pai há menos de um ano. Pensei nas situações difíceis que estava enfrentando no trabalho. Pensei que achava que merecia ganhar mais. Pensei em como a vida era dura e injusta. O pêndulo estava inclinado para o lado ruim. Esse dia, como não era de costume, quase não trabalhei. Fui tomar uma cerveja e encher a banheira externa, enquanto assistia a um filme na televisão da churrasqueira e esperava minha esposa e minha filha, lindas e saudáveis, chegarem em casa. Que vida difícil.

D-2 (SÁBADO, 13 DE ABRIL DE 2019)

Trinta e tantas mensagens no grupo das pessoas da van. Pensei: "Pessoal acordou animado, difícil conversarem assim no sábado". As mensagens estavam repletas de *emojis* tristes: "Que Deus a tenha", "Muito triste :(". Rolo as mensagens correndo para tentar entender o que tinha acontecido. A moça elegante da van havia sofrido um acidente de carro com o marido e a filha. Eles estavam próximos a Atibaia, estava chovendo e perderam o controle do carro, batendo de frente em um caminhão. Ela e a filha de 9 anos morreram na hora, o marido estava no hospital em estado gravíssimo.

Fiquei chocado. Procurei *emojis* tristes, não achei. Acho que nunca tinha usado. Mandei algo de apoio à família (que naturalmente não estava naquele grupo de conversas). Ela parecia tão bem e feliz. E a filha? Tão nova. Imagina esse pai. Imagina se fosse com a gente?

D-1 (DOMINGO, 14 DE ABRIL DE 2019)

"Não faz sentido. Que mais poderíamos querer? Temos tudo que é importante. Família saudável, bons amigos, bons empregos". De alguma maneira, a morte da minha colega jogou na nossa cara a realidade. Cansaço, estresse do trabalho, idas ao pediatra numa terça à tarde, noites em claro com a Alice – tudo isso tem um nome: vida perfeita.

Nesse dia falamos bastante sobre isso. Paradoxalmente, um evento trágico e horrível nos fez abrir os olhos, e, nós mesmos, levamos nosso pêndulo para outro lado, o bom.

D0

Já falei que 4h30 da manhã despertador não toca, ele grita no seu ouvido? Pois é, foi o que aconteceu na segunda. Como sempre, fui para o ponto da van, em frente ao condomínio em que morávamos. Dessa vez, a van estava com um clima triste, pesado. Alguns entravam chorando. Ninguém sentou no lugar dela, na cadeira da frente, à esquerda.

No trabalho, dia normal. Um pouco chateado por precisar ir para São Paulo na segunda por causa do carregador, mas agradecido por tudo que tinha na vida. "Imagina se fosse com a gente?"

Bruna me manda mensagem dizendo que a Alice acordou com dificuldade de respirar. Até aí, parecia algo normal, dado que tínhamos ido três vezes ao pediatra durante a semana anterior por motivos similares, e o raio-x e a avaliação do médico não apontavam para nada sério.

Depois ela me liga, dizendo que está indo ao hospital. Nesse momento, percebi que a situação era um pouco mais séria do que nos outros dias. Lembro de desligar o telefone, terminar alguma coisa do trabalho e falar com meu chefe que precisava voltar para São José dos Campos por causa da Alice. Ele insistiu para que eu pegasse emprestado o seu carro (a alternativa seria um ônibus da rodoviária), quase prevendo a gravidade da situação.

Chegando lá, as coisas escalaram rápido: atendimento, internação, UTI. Nesse mesmo dia, a Alice foi intubada e sedada. Nosso pêndulo foi brutalmente levado para o outro lado. Ali sabíamos que era grave, mas não sabíamos o que "ser grave" poderia significar.

D+3

"Será que esse médico não sabe conjugar verbo? Por que esse cara só fala no passado? Eu já entendi que ele fez tudo, mas por que ele não me responde quando eu pergunto o que faremos a partir de agora?"

Saí transtornado e sem resposta da reunião com os médicos. "Por que ficam se justificando? Não me importa o que passou, quero saber o que vamos fazer agora". Não estava entendendo o que estava acontecendo, só tive a clareza alguns dias depois: os médicos não tinham esperança de que Alice fosse sobreviver. Não falavam sobre o futuro porque para eles simplesmente não existia mais um único dia para a Alice.

Naquele momento, ainda estávamos começando a aprender um novo vocabulário que hoje faz parte do nosso dia a dia. Uma das coisas de que me lembro bem nessa conversa era que o pH do sangue dela estava em 6,9, o que era "muito grave" e "incompatível com a vida".

Duas coisas que esse médico poderia aprender: (1) conjugar verbos no futuro, especialmente ao falar da vida de uma criança com os pais; (2) a única coisa incompatível naquele momento era a experiência dele ante a força da Alice.

Estávamos no dia 3 de uma luta que já dura anos.

D+1290

Agora são 23h05 do dia 26 de outubro de 2022. Dando um pouco de contexto, estamos a poucos dias do segundo turno de uma eleição presidencial bastante polarizada e a algumas semanas da Copa do Catar. Estou escrevendo com o *notebook* no colo, dentro da UTI do hospital. O oxímetro da Alice não para de apitar, apesar de ela estar dormindo, depois de ter algumas cólicas fortes. Vou passar a noite aqui, mas, com sorte, vou conseguir dormir o suficiente para trabalhar bem amanhã. Estamos há quase seis meses nesta segunda internação prolongada, e não há uma expectativa real de voltarmos para casa.

Vou confessar uma coisa: escrevi este texto com a sensação de que estava contando a história de outra pessoa. É tudo tão distante e diferente que a memória parece estar se disfarçando de imaginação. Parece uma defesa do nosso cérebro para focarmos nossos esforços no que é, e não no que era ou no que teria sido.

O pêndulo emperrou. Sorte que não me lembro de como era o lado bom.

A VIDA É UM JOGO DE TETRIS COM PEÇAS TORTAS

Uma vez escutei em um *podcast* de budismo que a vida é como um jogo de Tetris. Quando a próxima peça aparece e não é a que você gostaria, o que você faz? Para de jogar? Não. Você simplesmente toma a melhor decisão possível, dada a peça que apareceu. O resultado final pode não ser o ideal, o que você antecipou, afinal "a peça alongada caberia direitinho naquele vão da esquerda". Mas tomar a melhor decisão com a peça que surge no jogo é a única estratégia possível, assumindo que não temos controle sobre o formato das peças que aparecem.

Vou além nessa analogia. Tem gente jogando Tetris no modo fácil, enquanto outros estão no modo difícil, com peças tortas e velocidades alucinantes. Sinto que no dia 15 de abril de 2019 alguém mudou a chavinha para esse último modo para a Alice e toda a nossa família. De repente, não sabemos mais como jogar esse jogo, pois não estamos acostumados ao formato das peças e à velocidade desse novo Tetris. Ainda assim, como no jogo, continuamos fazendo o melhor possível com as peças que aparecem, mesmo que agora o nível de habilidade exigido simplesmente pareça impossível para nós. Tem gente que chama isso de *força*. Nós chamamos de *falta de opção*.

Hoje, mais do que nunca, acho essa uma boa analogia para a vida. Ninguém controla as peças que aparecem. Ninguém controla as coisas mais importantes que acontecem em nossas vidas. Não sabemos se nós e as pessoas que amamos estaremos vivos amanhã. Não sabemos se a empresa que paga o salário de um pai ou de uma mãe vai fechar as portas, trazendo insegurança para a família. Não sabemos de doenças que podem estar se desenvolvendo silenciosamente ou de acidentes que podem acontecer por imprudência de algum desconhecido. Cada um tem a dificuldade do seu próprio Tetris, mas isso não é motivo para não nos esforçarmos e fazermos o melhor com as peças que aparecem. Essa é a única forma de jogar.

ENSAIO SOBRE A MORTE

Não, não. Você entendeu errado. Este trecho não é sobre nos prepararmos para a perda da Alice. É sobre nos prepararmos para a nossa própria morte.

Pode parecer mórbido, mas pensar na própria morte pode nos ajudar a viver melhor. Existem técnicas de meditação que focam em imaginar esse momento, como, por exemplo, a técnica *Maranasati*. Imaginar seu último suspiro. O médico dando a notícia, a família preparando tudo. O enterro, as pessoas chorando, conversando. Sua família e amigos reunidos. Pessoas que você não esperava e que foram, pessoas que não conseguiram ir. Seu corpo no caixão. A terra sendo jogada em cima, as pessoas indo embora aos poucos. À noite, sobre a superfície, apenas as flores, ainda cheias de vida. Debaixo da terra, seu corpo dentro de uma caixa. Imóvel, silencioso, confortável. Alheio à passagem do tempo, aos problemas, aos sentimentos. A decomposição lenta. O retorno da sua matéria à natureza para que o ciclo continue. Esse é um exercício para entender a impermanência, para entender que não somos o centro, para entender que tudo acaba, mas, de alguma forma, continua.

Vamos voltar no tempo nesta nossa mórbida simulação. Vamos voltar para cinco minutos antes da morte. Vamos imaginar uma morte gentil, que avisa que está chegando, mas não causa maiores dores ou desespero. Vamos imaginar que estamos sozinhos, conscientes e com clareza suficiente para pensar. Então, temos cinco minutos para pensar na nossa vida, em tudo que deixamos de fazer e, por sorte, ter orgulho e pensar que fizemos o melhor que poderia ter sido feito. Nesse momento, imagino que olhar para trás e ter a serenidade de saber que foi feito o melhor possível seja o máximo que conseguimos sentir. O ápice da vida de braços dados com o colapso iminente.

Sugiro que todos façam esse tipo de exercício, pois pode nos ajudar a tomar decisões importantes na vida. Agora, no entanto, vou focar no que eu penso quando me imagino olhando para trás.

O melhor, para mim, seria saber que deixo filhos e netos saudáveis e que, de alguma maneira, eu vivo por meio deles. Que deixo pessoas boas, humildes e que irão contribuir para uma humanidade cada vez melhor. Que não coloquei uma criança no mundo que sofreu muito, durante anos, e que essa criança não tinha direito ao que parece ser o mais básico dos nossos direitos, que é respirar. Que é interagir, comunicar-se, sorrir, ter total consciência do ambiente ao nosso redor. Que é ter o privilégio de sua dor ser passageira. Mas esse não é o melhor possível. Para mim, esse melhor é impossível.

O melhor possível é que, mesmo tendo consciência de toda a dor que a Alice passa e de – ao que tudo indica – não ter a expectativa de uma vida longa, fizemos tudo e lutamos com ela até o último segundo. Que nossa luta é tanto para salvar a Alice quanto para dar conforto a ela. Que, dada a peça torta do Tetris e a dificuldade do jogo, fizemos absolutamente todo o possível. O melhor possível é, também, saber que de alguma forma o sofrimento da Alice não foi em vão. Que gerou algo positivo para outras pessoas. Se simplesmente conseguirmos fazer o bem para crianças e famílias em situações similares, talvez isso também nos ajude a olhar para trás nesses cinco minutos e dizer: foi o melhor possível. Se, de alguma maneira, vidas forem impactadas positivamente, mesmo que o impacto seja pequeno, vai ajudar a expandir nosso restrito universo do possível.

Uma das definições mais abrangentes da morte é a de quando não há energia para combater o estado de equilíbrio que as leis da física naturalmente apontam. Isso se aplica quando um corpo não consegue mais lutar para manter a própria temperatura, o coração batendo ou para afastar a constante ameaça de organismos externos. Lutamos diária e inconscientemente para evitar a morte física, literal. Resta-nos agora lutar, conscientemente, para não morrermos ao permitir que o sofrimento dela seja em vão. Precisamos de energia para lutar contra o estado mais natural, que é o de desaparecer nas sombras da tristeza. Que a Alice possa impactar positivamente a sociedade, não só pelos sorrisos, força e temperamento forte, mas também por deixar um legado que ajudará famílias, pacientes e profissionais de saúde a passarem por momentos difíceis.

Pipoquinha, seu sofrimento não será em vão.

capítulo 1.
PRECISO FALAR DE ALICE

Yesterday
All my troubles seemed so far away
Now it looks as though they're here to stay
Oh, I believe in yesterday
(The Beatles)[1]

506 dias.

Quinhentos e seis dias dentro de um quarto de UTI, somente na primeira internação. Em 506 dias acontece tanta coisa... Ao mesmo tempo, sem Alice em casa, não acontece nada. O tempo está parado desde então. Parado naquele 15 de abril de 2019, dia em que Alice acordou com um choro diferente e dificuldade para respirar. Desde então, os dias são como uma montanha-russa de um parque sem diversão. Preciso escrever, preciso falar de Alice. Antes de tudo, devo advertir: não sei se o final deste livro será alegre ou triste. Escrevo enquanto vivemos dentro de um turbilhão, lutando pela vida da nossa única filha.

Filha única, muito esperada e desejada, nasceu saudável em 23 de abril de 2018. Choro forte, menina decidida, virou de lado e se agarrou à borda da balança quando a enfermeira foi pesá-la na maternidade. O papai, atrapalhado pela emoção, filmou o momento em *time-lapse*. Nunca vou me esquecer daquele momento, pois a enfermeira (que, diga-se de passagem, vai ser sempre lembrada pela voz grossa e por falar alto demais) gritou para filmar e disse que nunca tinha visto um recém-nascido virar de lado e agarrar a borda da balança. Aquela foi a primeira vez que escutamos que nunca tinham visto um bebê fazer o que

---

[1] Ontem
Todos os meus problemas pareciam tão distantes
Agora parece que eles estão aqui para ficar
Oh, eu acredito em ontem
(The Beatles)

Alice estava fazendo. Mais tarde, quase um ano depois, escutaríamos algo parecido várias outras vezes, de uma maneira bem diferente, mas isso eu deixo para contar daqui a pouco.

Minha vida com Alice foi, desde seu primeiro segundo de vida, intensa. Nos meses que antecederam sua chegada, tentei ler vários livros sobre maternidade (desde Laura Gutman até Tracy Hogg, a "encantadora de bebês"), mas nem os livros e nem os cursos foram capazes de me preparar para essa experiência que mudou tudo. Quando digo *tudo*, digo tudo mesmo. Se antes eu achava que algumas coisas eram importantíssimas e colocava algumas metas que eu deveria atingir para ser feliz (terminar o doutorado até os 30 anos, ser magra, comer no máximo três coxinhas por ano, viajar e ter um bom trabalho com reconhecimento financeiro e profissional), depois da chegada da Alice tudo aquilo parecia ter ganhado um papel secundário perto dos sorrisos dela e dos nossos momentos juntas. Desde o início, Alice mostrou que chegou ao mundo cheia de vontade de viver. Chorava muito, arranhava meus seios durante a difícil fase de tentativas de amamentar. Passamos dias sofrendo com isso, ela e eu. O leite não descia, ela chorava, a relactação não funcionava como a consultora de amamentação tinha certeza de que funcionaria. Essa profissional, inclusive, divulgava seu trabalho como uma "consultoria sem julgamentos", mas não admitia que nem sempre as coisas aconteciam como gostaríamos, mesmo com todos os nossos esforços. Em duas horas de ordenha na bomba de leite, conseguíamos míseros 5 ml. Alice não aceitou aquela situação e decidiu, ela mesma, que não dava mais para sofrermos daquele jeito. Entendi que era hora de parar de procurar a situação ideal, e então passamos para a amamentação por fórmula, mas nossa conexão nunca foi menor por isso (e essa foi uma verdade que Alice me ajudou a descobrir, contrariamente ao que a consultora de amamentação, "sem julgamentos", havia colocado em minha cabeça).

Conexão nunca nos faltou. Alice foi sempre meu grudinho, desde os primeiros dias. Fico pensando nos palpites que escutei várias vezes sobre "não dar colo demais senão fica mimada".

Hoje, sem poder dar colo como antes, agradeço por nunca ter dado ouvidos àqueles conselhos. Alice vivia em meu colo, agarrada a mim. Acordava em média seis vezes por noite, a maioria delas somente para ganhar colinho e segurar com força meu cabelo. Quando eu saía à noite para dar aula, o Bernardo tentava de pano na cabeça a peruca, mas ela só queria o meu cabelo. Era difícil, era cansativo, mas era nosso. Era meu e dela. A cada dia desde seu adoecimento, repito em minha memória aqueles nossos momentos. Nossas tardes rodopiando ao som de "Ciranda de Bailarina" na sala de casa. Nossos banhos juntas. Ela me acordando abrindo meus olhos puxados pelos cílios. O passeio na rua de casa para ver o "miau". O dedinho gordinho apontando para o "au-au". A gargalhada quando via algum vídeo de que gostava. Os beijos estalados, os abraços apertados. Cada segundo, para ser suportado, traz necessariamente uma lembrança de momentos felizes que passamos juntas.

Em dezembro de 2019, na UTI, pedi a Deus que aquele tivesse sido o pior Natal das nossas vidas. Não conseguia imaginar mais dezembros como aquele. Não conseguia pensar que aquele sofrimento pudesse durar mais um Dia das Mães, Dia dos Pais, aniversário, Natal. Naquele dia, o celular abriu uma pasta de lembranças do ano anterior. Muitas vezes não abro essas lembranças, mas naquele dia acabei abrindo. Vi um dos vídeos pelo menos dez vezes: eu e ela, prontas para a ceia. Antes de sairmos, eu estava cantando "Alecrim Dourado", e Alice acompanhando e cantarolando comigo a melodia. Ela tinha 8 meses. Estava tão linda em seu vestido azul-marinho, em meu colo. Depois daquele Natal ainda passamos alguns dias em Minas Gerais, e Alice ganhou muito carinho das vovós, do vovô, dos primos, tios e de toda a nossa família. Fiquei revendo aqueles momentos e por alguns segundos me transportei para lá, para um período longe do pesadelo que é ter medo todos os dias. Queria poder voltar no tempo, construir outro presente para Alice, protegê-la de todo sofrimento e ver nela aqueles sorrisos que me davam vida dia após dia.

Cheiro

Hoje senti cheiro de sauna. Não sei se foi um cheiro real ou imaginário. Pensando direitinho, é mais provável que seja a segunda opção. Deu saudade de sentir. Qualquer coisa. Cheiro de sauna. Cheiro de terra molhada. Cheiro da comida da minha mãe feita na casa da minha mãe (juro que é diferente quando é preparada lá). Cheiro do café que a gastrite me roubou. Cheiro de voar, de (a)mar, de bar. Cansei desse cheiro de álcool (não o da embriaguez, mas aquele em gel mesmo). Insosso, cinza e chuvoso. Cheiro de tristeza (e esta não é imaginária).

Acho que ainda não estabeleci uma ordem muito fixa para os fatos que quero contar. Estou escrevendo à medida que aparecem em minha mente e que meu coração sente a urgência de dividi-los com, pelo menos, a página em branco.

Em um dado momento do nosso período de UTI, senti a necessidade de procurar um psiquiatra. Não para dividir com ele meus pensamentos, mas para talvez ter ajuda para organizar minhas ideias. Meu querido irmão é psiquiatra e me ajuda muito, mas é meu irmão. O médico não consegue se distanciar do irmão, o que é totalmente compreensível. Procurei outro psiquiatra, uma psicóloga, alguns padres, um centro espírita, um curso, uma língua e várias outras coisas. Pensei em colorir, bordar, fazer qualquer coisa, mas nada me parecia ter sentido. Sem brilho. Sem cor. Não conseguia enxergar um palmo além do sofrimento da minha filha.

Até os 6 meses de idade, Alice nunca ficou doente. Nunca teve febre, reação a vacinas ou um espirro sequer. Tinha um refluxo leve, mas nada que chamasse tanto a atenção do pediatra que a acompanhava. O que realmente chamava a atenção eram seus cílios. Longos, curvados, como se tivessem acabado de ser modelados com curvex e rímel. Chamava a atenção o quanto ela era risonha, esperta, comilona e apegada a mim. Aos 7 meses, quando precisei voltar ao trabalho, Alice foi para a escolinha e teve seu primeiro resfriado. Sem febre, sem complicações, curado em casa com muito colinho, beijinho e barriguinha cheia. Depois desse resfriado vieram outros, vieram duas otites, veio a primeira febre. Ouvi da família, de amigos, de pediatras: "Toda criança que vai para a escolinha adoece, e isso é normal". Várias consultas, raio-x, fisioterapia respiratória. Aquilo, segundo os médicos, estava dentro do que se espera de uma criança que vai para a escolinha. Aos 11 meses, Alice estava falando suas primeiras palavrinhas ("mamãe", "papai", "não"), começando a se equilibrar para andar sem apoio, crescendo e se desenvolvendo muito bem. Ensaio fotográfico de Páscoa, ensaio fotográfico de 1 aninho, festinha em família marcada para o sábado, viagem depois da festinha. A vida seguia um rumo bonito, e nós estávamos tão acostumados a ele que não sabíamos que era tão bonito assim.

Poucos dias antes de fazer 1 aninho, Alice teve uma febre baixa, que depois se tornou alta. Muita secreção, mais quietinha... Fomos ao pediatra na segunda-feira, na quinta-feira e no sábado. Passamos o fim de semana dando remédios e observando. No domingo à noite, esperando o início de *Game of Thrones*, o Bernardo me contou sobre uma colega que havia morrido naquele fim de semana em um acidente de carro. Ao contar sobre o acidente, ele enfatizou o quanto achava que nossa vida era boa e que, algumas vezes, reclamávamos sem um motivo real. Na segunda-feira, 15 de abril, Alice acordou com desconforto respiratório. Depois daquele dia, nossa vida nunca mais foi a mesma, e, ainda que me dilacere a alma dizer isso em voz alta, sei que nunca mais voltará a ser.

capítulo 2.
506 DIAS

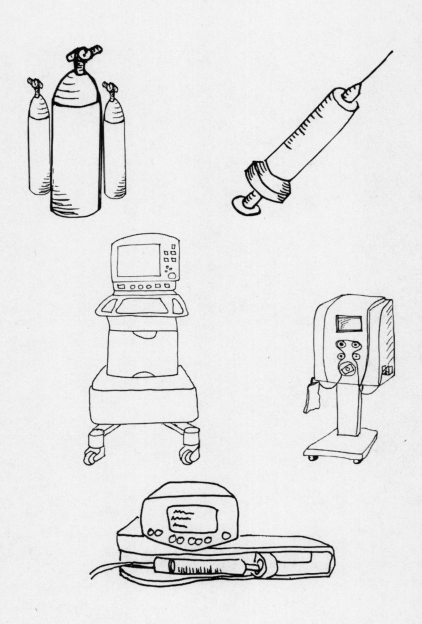

All things must pass
All things must pass away
(George Harrison)[2]

Naquela manhã de segunda-feira, ao ver Alice acordar com desconforto respiratório (agradeço a uma fisioterapeuta que havia me ensinado a reconhecer os sinais), corri para o pronto atendimento.

Chegando ao hospital, telefonei para o Bernardo (que estava no trabalho) e para meu irmão. Meu irmão, médico, perguntou qual era a saturação de oxigênio da Alice naquele momento. A enfermeira do pronto atendimento passou o telefone para a médica de plantão, que disse que não havia medido. Nossos muitos problemas com alguns profissionais de saúde estavam apenas começando. Após insistência do meu irmão, a médica voltou com um oxímetro para medir a saturação, e, naquele momento, Alice estava saturando 80%. A médica, surpresa, disse que Alice não tinha "cara de quem estava com uma saturação tão baixa". Depois disso foi necessário ser forte e segurar uma máscara de oxigênio em uma bebê cansada, irritada, com fome, que tentava de todas as formas do mundo arrancar o acesso venoso em seu braço. Dou graças a Deus por ter tido a companhia da Dona Iraildes, uma querida vizinha que, mesmo idosa, saiu de casa usando chinelos, sem documentos, sem celular e foi ao meu encontro oferecer ajuda (por mais vizinhas assim no mundo!).

Como perceberam no pronto atendimento que Alice precisaria ser internada, fomos transferidos para outro hospital, pois o primeiro não tinha unidade de internação. Nesse outro hospital, constataram que Alice precisaria ser monitorada em uma unidade de tratamento intensivo, e,

---

[2] Todas as coisas devem passar
Todas as coisas devem acabar
(George Harrison)

não havendo vaga ali, fomos transferidos para um terceiro hospital (bem perto de nossa casa, inclusive). Chegamos ao terceiro hospital na segunda-feira à noite e, naquele momento, já fomos separados da Alice e deixados em um corredor frio, sem notícias, ouvindo, lá de longe, o choro do amor das nossas vidas. Após um tempo, paramos de ouvir aquele choro e depois disso fomos chamados pelo médico de plantão. Um japonês pequeno, de poucas palavras, disse-nos que eles tinham tentado outras estratégias, mas que tinha sido necessária uma intubação orotraqueal. Nós não sabíamos sequer o que aquilo significava. Nossa filha estava bem um dia antes! Andando, comendo, falando. A transferência para a UTI tinha sido por precaução, segundo tinham nos informado no hospital anterior. Nosso coração não podia estar mais perdido, angustiado, amedrontado. Nosso tesouro, sempre tão forte, estava agora indefesa e em um estado que, segundo os médicos, era muito grave. A verdade é que ninguém sabia dizer ao certo o que estava acontecendo, mas todos diziam que os broncoespasmos que ela fazia eram assustadores.

Lembro-me daquele corredor, lembro-me da salinha em que os pais ficavam rezando, lembro-me de pedirem que eu saísse de dentro da UTI a todo momento (o que, hoje, sabendo que tenho o direito de estar com ela o tempo todo, eu não teria aceitado). Lembro-me de tantas coisas... Vi tantos pais precisando dar adeus a seus filhos... Vi-me ajoelhada no corredor do hospital pedindo a Deus que deixasse minha filha comigo. Vi o Bernardo, sempre tão alegre e positivo, cair. Vi meus pais e minha sogra buscando forças para, ao contrário de viajarem para o aniversário da neta amada, viajarem para nos apoiarem no sofrimento. Vi meu irmão desesperado ao ouvir dos médicos da UTI que Alice estava com um pH sanguíneo de 6,9 e que não havia mais parâmetros ventilatórios que eles pudessem aumentar (naquele momento não sabíamos o que aquilo significava, mas sabíamos que não era bom). Vi a irmã do Bernardo, também médica, insistir para que transferíssemos Alice para um hospital em São Paulo, já que em São José dos Campos não teríamos recursos para a gravidade em que ela se encontrava.

No terceiro dia de internação ouvimos algo que escutaríamos muitas e muitas vezes depois daquela: "Não há mais o que fazer". Pedi à minha mãe, muito católica, que conversasse com Deus para que me deixasse cuidar da Alice, e, naquele momento, Ele deixou.

Alice completou 1 aninho intubada, mas foi melhorando milagrosamente e foi extubada um dia após seu aniversário, voltando então a respirar sozinha. Mesmo sendo difícil vê-la passar pela abstinência das sedações, foram dias de extrema esperança e muito agradecimento. Ela estava respirando sozinha novamente, comendo bem (sempre comilona, apontava para o prato quando íamos colocar mais sopinha na colher), brincando e sendo mimada por todos nós. Cantamos parabéns várias vezes, e ela gargalhava em todas elas. Fomos passear no pátio do hospital, vimos o quarto para o qual seríamos transferidos no dia seguinte (Alice já não precisaria mais ficar na UTI) e sentíamos uma gratidão imensa pela graça que havíamos recebido.

Naquela noite, entretanto, Alice apresentou vômito e febre, e, dessa forma, nossa saída da UTI foi cancelada. Nos dias seguintes, ela começou a chiar novamente e a ficar mais cansada para respirar. Falei algumas vezes sobre aquele chiado, mas me disseram que, como a infecção pulmonar que ela tinha tido fora muito grave, era provável que apresentasse aqueles chiados por um tempo. No dia 1º de maio de 2019, ao acordar e me ver ao lado dela, Alice deu o sorriso mais lindo que já vi em toda a minha vida. Aquele sorriso me dizia "eu te amo", "que bom que você está aqui, mamãe" e todas as coisas boas que eu sei que ela sentia quando estávamos juntas. Naquele mesmo dia ela piorou e precisou novamente ser intubada. Nesse momento, percebendo que o caso dela era mais grave do que podíamos imaginar, recomeçamos a falar em uma possível transferência para São Paulo. Ninguém sabia de verdade o que ela tinha, e aquilo era assustador. Durante o processo de decisão, lembro-me como se fosse hoje de ouvir de uma médica: "A sua filha está tão grave que eu não a levaria até o outro lado do corredor". Todos os médicos do hospital foram contra a transferência, e o Bernardo precisou ouvir deles que nossa filha morreria na Dutra, rodovia que liga São José dos Campos a São Paulo. Essas falas de médicos, mesmo sendo pesadas, não foram nem de longe as piores que escutamos durante nossa batalha pela vida da Alice.

Decidida a transferência, armei-me com um terço, um folhetinho de Santo Expedito e muita coragem. Entrei naquela ambulância com minha filha amada, sem saber se ela chegaria com vida ao nosso destino.

Duas horas e muitas lágrimas depois, chegamos ao hospital em São Paulo. Nos dias seguintes, Alice fez vários exames, recebeu diversas medicações, foi extubada novamente e ficou duas semanas assim, mas dessa vez precisava de oxigênio ora em um cateter nasal, ora em uma máscara de ventilação não invasiva (e essa máscara machucava seu rostinho, era incômoda e fazia Alice chorar muito). Os dias eram difíceis, mas ela estava melhorando. Havia esperança.

Em São Paulo, fomos pulando de hotel em hotel, *airbnb* em *airbnb*, com a certeza de que em breve voltaríamos para nossa casa em São José dos Campos. Eu, minha mãe, o Bernardo e a mãe dele passamos por 15 lugares diferentes em poucos dias. Reservávamos sempre um lugar para três pessoas, pois a quarta estava sempre no hospital com a Alice. Um dia compramos roupas de frio em um supermercado qualquer. Depois, lençóis e toalhas. Depois talheres, pratos, copos... Até que uma noite o Bernardo falou sobre alugar algo por mais tempo. Aquilo caiu como um balde de água fria em minha certeza de que voltaríamos para casa em breve. Alugar um apartamento por mais tempo seria aceitar que aquela situação demoraria a passar, e eu não conseguia conceber aquilo. Quando Alice teve nova piora e foi intubada mais uma vez, mudamos novamente de hospital (estávamos nesse momento em uma terceira UTI diferente, a segunda em São Paulo). Dia a dia, víamos que o caso dela era mais grave do que poderíamos imaginar. Nesse momento, aceitei que alugássemos um apartamento ao lado do hospital para uma estadia mais prolongada.

No novo hospital, novos exames, novas medicações, novos olhares de espanto e novos "nunca vi um caso assim". Alice foi piorando, piorando, piorando... Ouvimos coisas que nenhuma família deveria ouvir, sofremos o inimaginável. Vimos nossa princesa ser furada três, quatro, cinco vezes por dia. Vimos nossa filha ser traqueostomizada, sedada, invadida, manipulada. Até aquele momento, nunca havíamos visto uma traqueostomia. Os médicos realizam uma cirurgia e colocam uma cânula na traqueia para facilitar a chegada do ar aos pulmõezinhos. Foi muito difícil aceitar, mas se ela precisava daquilo, era o que iríamos fazer. Todos os dias de manhã, naquele hospital, passava uma equipe multidisciplinar para avaliar Alice e definir a conduta do dia. Chegou uma fase em que eu não conseguia mais ouvir os médicos. Não suportava mais notícias ruins e prognósticos terríveis. Sentia que estava presa em um *loop* infinito de um telejornal daqueles que só noticiam tragédias. Passei a não me levantar, fingia que estava dormindo e escondia a cabeça debaixo de um cobertor. Não comia, não falava, só chorava. Naquele momento, em um sábado à noite, meu irmão veio de Minas Gerais e me fez começar a me tratar, pois eu estava caindo em uma depressão. Tomei os remédios a contragosto. Não sei se me ajudaram ou não, mas o fato é que nenhum remédio no mundo poderia levar embora aquela tristeza. Nada que não fosse a cura da minha filha poderia tirar aquela dor que dilacerava meu coração. Pelo sim, pelo não, tomei os remédios.

Cada dia que passava era um tormento, cada prognóstico ouvido era uma flecha. "O pulmão dela não responde a nada". "Nunca vi um caso assim". "Terapia ECMO é ponte para alguma coisa, mas no caso dela não será ponte para nada". "Vocês precisam se preparar". "A cada respiração ela tem a sensação de estar se afogando". "A Alice não está nos livros". "Se ela ficar mais inchada, uma hora ela vai se afogar". "Já vi pulmões como o dela, mas não em quem sobreviveu". "Não existe na literatura". "Vocês ainda não entenderam que ela está indo embora?".

A (duras) penas

Aqui dentro o tempo parou. Lá fora, ele insiste em continuar passando. As folhas do calendário viram ferozmente, as estações mudam, os fios de cabelo tingem-se de branco da noite para o dia. Não consigo acompanhar. Sigo apenas. Sigo a penas.

A esse ponto, depois de pelo menos três meses na UTI, já tínhamos um diagnóstico fechado: bronquiolite obliterante. Nessa doença, grave e rara, as células do pulmão não conseguem se recuperar após uma infecção, dificultando a oxigenação do sangue e trazendo, portanto, grande dificuldade para respirar. Não tinha sido um diagnóstico fácil de ser definido e ainda suscitava dúvidas entre os médicos. Lemos artigos científicos e enviamos e-mails para todos os pneumologistas pediátricos que nos foram recomendados em São Paulo. Procurei no Instagram a *hashtag* #bronquioliteobliterante e conheci famílias enfrentando o mesmo diagnóstico. Sendo uma doença rara, não encontrei muitas famílias, talvez 11 ou 12 espalhadas pelo país (a maioria delas do Sul, onde há maior incidência da doença). Entrei em um grupo no *WhatsApp* para conhecer essas histórias, e a maior parte das crianças tinha evoluído bem, sem necessidade de traqueostomia ou transplante pulmonar. Não era o caso da

Alice, que parecia ter uma forma mais agressiva da doença. Ouvíamos todos os dias que seu pulmão não respondia a nada, que não havia mais o que fazer e que, dessa forma, era melhor que ela permanecesse sedada. Não aceitávamos as sentenças dadas pelos médicos. Não acreditávamos que não houvesse mais nada a se fazer, e, por mais que tentassem, não nos fariam desistir de lutar. Naquele momento, meu sentimento era de que haviam feito tudo o que podiam e não sabiam mais como proceder, mas eu, como mãe, ainda não tinha feito tudo que podia. Dessa forma, após oito meses, mudamos novamente de hospital.

Outro hospital (a quarta UTI pela qual passávamos). Outra equipe, outras tentativas, mesmo espanto. "Nunca vi uma evolução assim de uma bronquiolite". "Não sabemos como ela vive com um CO_2 assim no sangue". "É um caso extremíssimo". Outras infecções, intercorrências, palavras duras. Mais nove meses de UTI, de medo e de luta. Muita luta. Lembro-me de cada dia, de cada batalha, de cada vez em que vi minha princesa contrariar tudo e todos, vivendo mais um dia e vencendo, uma a uma, todas as dificuldades que fomos enfrentando.

Resposta

Na recepção do hospital:
— Você é mãe da Alice? Ela está internada
há muito tempo, né? Ela tem o quê?
A pergunta assim, tão direta, foi um pouco embaraçante.
Na minha cabeça a resposta era clara: "Uma força
descomunal, cílios gigantes, bochechas rosadas,
temperamento forte e muita lindeza". Para a recepcionista:
— Bronquiolite obliterante.

Em um dado momento o Bernardo retomou algo que, meses atrás, eu havia negado veementemente: a venda da nossa casa. Era uma casa tão gostosa, tão do nosso jeito, tão cheia de boas lembranças... Só de pensar naquilo meu coração doía. Eu sentia que vendê-la era desistir de que, um dia, pudéssemos voltar para São José dos Campos e para a nossa vida. Vendê-la parecia aceitar a situação, e aquilo eu não cogitava fazer. Depois de muita conversa e muitas barras de chocolate devoradas (nessa época eu havia voltado a comer, mas só besteira), acabei cedendo. Chorei, exigi açúcar (o Bernardo chegou ao hospital com os papéis e seis barras grandes de chocolate branco) e, enfim, assinei. Quando a saúde da nossa filha exigiu, entramos em uma ambulância e nunca mais voltamos para casa. Passamos, desde então, a viver em São Paulo, cidade que poderia oferecer à Alice mais chances de tratamento e suporte.

Durante a internação, alguém uma vez definiu *trauma* dizendo que é quando acontece algo que não cabe na sua vida. Era exatamente aquilo! Tudo que estava ocorrendo não cabia na nossa vida e não fazia sentido algum. Por isso era tão difícil entender e aceitar. Nenhum remédio, terapia... nada iria mudar aquele sentimento de vazio que eu tinha ao não conseguir olhar para o futuro. Você não se recupera depois de ver sua filha amada sofrer tanto. Você não se cura facilmente depois de um amor tão grande assim. Eu daria tudo que pudesse para que tivéssemos a chance de voltar para a nossa vida e para que a Alice tivesse novamente saúde, felicidade, liberdade e futuro.

Durante nosso período no hospital (os primeiros 506 dias e, mais tarde, todos os outros momentos de retorno à UTI), eu olhava para as pessoas na rua e pensava se um dia iria sorrir de novo, se um dia saberia conviver com outras pessoas como antes, sonhar, planejar e ter esperança no futuro. Pensava que, para nós, não havia mais vida, não havia mais nada. Por dentro, era assim que me sentia muitas vezes: um nada. Nos dias em que esse nada machucava mais, tentava escrever. Ainda doía, mas pelo menos uma parte do meu vazio ia para a página em branco.

Daquela janela

Daquela janela eu vejo a vida acontecer. O sol nasce, o sol se põe no meio dos edifícios, as pessoas vivem. Há roupas no varal do prédio à frente, e algumas luzes estão sempre acesas. Imagino a energia que há em cada apartamento. Imagino sorrisos, cores, emoções, sabores e o pulsar frenético da vida. Um dia, sem a janela, a vida voltará a pulsar aqui dentro. Um dia o pôr do sol não será pela metade. Um dia, sem a janela. Um dia.

capítulo 3.

A MÉDICA, O PADRE, A PSICÓLOGA E OUTROS RANÇOS

RANÇO
(ran.ço)
s.m.
1. Cheiro ruim ou sabor acre de uma substância gordurosa;
2. Fig. ressentimento causado pelas mais variadas razões, mágoa, rancor.

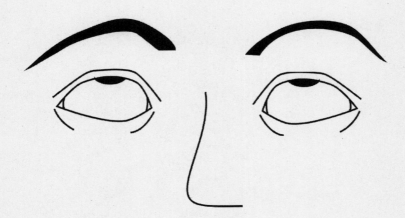

'Cause we're living in a world of fools
Breaking us down
When they all should let us be
(Bee Gees)[3]

Ultimamente, de maneira coloquial, a palavra *ranço* tem sido muito usada tanto na linguagem oral quanto em memes. Eu poderia tentar usar outra palavra, mas decidi usar *ranço* mesmo, pois acho que define bem o meu sentimento em algumas situações que vivemos.

Em casa costumamos dizer que a história da Alice e a nossa luta pela sua vida despertam o melhor de alguns e o pior de outros. Em nossa jornada de UTI conhecemos muitas pessoas. Felizmente, a maior parte delas foi empática, ajudando, cada uma à sua maneira, a aliviar pelo menos um pouco do nosso sofrimento. Amigos continuaram mandando mensagens, ainda que eu não as respondesse na maioria das vezes. Mesmo distantes fisicamente e sentindo-se impotentes, trouxeram-nos apoio, torcida, compreensão e paciência. Funcionários dos hospitais pelos quais passamos riram e choraram conosco, emocionaram-se e foram também nossa família durante o longo tempo de internação.

Lembro-me com muita gratidão, por exemplo, de um dia em que eu estava profundamente triste, e a funcionária que limpava o nosso quarto da UTI, ao arrumar o sofá para que eu dormisse, deixou um bilhetinho carinhoso na dobra do lençol. Talvez ela não saiba, mas aquele pedaço de papel alegrou o meu dia (que, diga-se de passagem, tinha sido horrível).

---

[3] Porque estamos vivendo em um mundo de bobos
Acabando com a gente
Quando todos eles deveriam nos deixar ser
(Bee Gees)

Lembro-me também do dia em que uma enfermeira segurou as mãozinhas da Alice por quase uma hora porque eu havia cochilado no sofá, e ela, sabendo o quanto eu estava cansada, não quis me acordar. Lembro-me de uma mãe que ficava no quarto ao lado que, numa tarde qualquer, mandou um pedaço de bolo. Lembro-me da médica que, ao trazer notícias ruins, tentava fazer isso com doçura e terminava quase sempre com um abraço forte (até o momento em que isso foi possível, já que parte da internação da Alice aconteceu antes da pandemia de COVID-19). Essa mesma médica fez um pacto comigo de que quando chegasse o momento de me despedir da Alice ela estaria ao meu lado (e eu tenho certeza disso).

Mesmo em meio ao sofrimento, há, sim, boas lembranças. Estas, trago do lado esquerdo do peito, com toda gratidão que possa existir. Todos que nos trataram com carinho e gentileza têm um lugar especial dentro de cada um de nós. Quando digo *cada um de nós* falo, em especial, de mim, do Bernardo, da minha mãe, Edilse, e da mãe do Bernardo, Rosana. Essas avós maravilhosas foram o meu porto e o do Bernardo. Elas se reinventaram, aprenderam a observar a saturação de oxigênio da Alice, aprenderam sobre hemodiálise, bronquiolite obliterante e tantas outras coisas que nunca haviam visto antes. Desde o início da doença, minha mãe deixou tudo em Minas Gerais e se mudou para São Paulo durante praticamente todo o período da internação. A Rosana, que não podia ver sangue, imaginava que era um suco de frutas vermelhas para conseguir estar ao lado da Alice a cada transfusão. Reinventaram-se a cada vez que a saúde da Alice precisou disso. Estavam ao lado dela e ao nosso lado. É claro que meu pai, meu irmão e toda a nossa família foram muito importantes e nos apoiaram em todas as nossas batalhas pela vida da Alice, mas as avós – ah, as avós...– lutaram conosco por dezessete intensos meses na UTI (somente na primeira internação), ficaram sem dormir, seguraram a mão da Alice e a nossa barra. Mães, né? As mães movem o mundo. Sobre esse amor visceral, quero falar um pouco mais à frente. Agora, quero mesmo é falar de pessoas que, ao invés de nos mostrarem o melhor delas, mostraram-nos o pior. Sim, elas também fizeram (e ainda fazem) parte do nosso caminho. De uma forma ou de outra, ensinaram-nos algo: (1) não ser como elas; 2) fugir delas.

Eu poderia escrever somente sobre as muitas pessoas que nos ajudaram e nos apoiaram nessa difícil e longa jornada, mas estaria mentindo (e como!) se desconsiderasse o grande impacto negativo que outras causaram em nossa vida nesse período. Começarei pela médica (que, no fundo, representa muitos médicos com os quais tivemos que interagir ao longo desse tempo).

A médica entrou em nosso quarto de UTI pela primeira vez quando já estávamos internados há muitos meses. Àquela altura já tínhamos sofrido bastante e passado por muita coisa (muita coisa mesmo!). Já tínhamos ouvido várias vezes que não havia mais o que fazer, havíamos nos despedido da Alice algumas vezes e já tínhamos, também, visto a nossa filha vencer o invencível e contrariar a Medicina. Nossos corações já tinham tantos furos que não sabíamos que fosse possível que alguém ainda pudesse machucá-los. Ao entrar, a médica se apresentou, avaliou Alice e, ao final, decretou: "Vocês sabem que é um caso extremíssimo, não sabem? A minha sugestão é a de que, caso tenha alguma intercorrência com ela, não vale a pena investir". As palavras da médica me atingiram como uma espada cortando mais um pedaço do meu coração. Como usar o verbo *investir* para falar de uma vida? Ela estava falando da vida da *minha filha*!

— O que você quer dizer com isso, doutora?

— Estou dizendo que é extremíssimo. Se ela sobreviver, certamente terá uma vida terrível. Ela não é mais a Alice de antes.

— Mas ela será sempre a *minha Alice*!

Foi difícil terminar aquela conversa sem desabar em um choro sofrido e cheio de mágoa. Foi difícil chegar ao final daquele dia. Quando a médica saiu, a Dra. Flávia, uma das pessoas mais queridas e competentes que conheci, vendo o meu estado, entrou e me abraçou forte. Eu precisei daquele abraço, vindo de uma das médicas em quem mais confio, assim como precisei de uma reunião com a equipe que ditava a maior parte das condutas em relação à Alice. Na conversa estávamos eu, o Bernardo, uma das pneumologistas, a médica da equipe dos cuidados paliativos e a coordenadora da UTI (que, depois disso, passou a ser a médica responsável pelo caso da Alice). Deixamos claros os valores da nossa família: não desistiríamos de lutar por ela, pois ela estava lutando. Eu queria que estivesse escrito e assinado que, em uma intercorrência, ela receberia todo o suporte necessário, pois, depois daquelas palavras da médica, uma ponta de dúvida pairava sobre o que fariam caso houvesse algum evento agudo. Aquelas palavras ainda ecoam, anos depois. O verbo *investir* para falar da vida da Alice, a insistência de que ela não era mais a mesma, a frieza.

Depois da reunião que tivemos com a coordenação, aquela médica nunca mais atendeu a Alice, e essa foi a melhor decisão que poderia ter sido tomada. Eu gostaria muito de dizer a ela (e a tantos outros médicos que, como ela, parecem satisfazer-se ao dizer coisas terríveis a uma família em sofrimento): não importam os títulos, não importa se você trabalha em um hospital de renome e se é famosa. Importam o cuidado, a empatia, o profissionalismo e, sobretudo, a humanidade com que você trata o seu paciente (e a família dele). A verdade é que ter uma excelente formação é pressuposto quando se trabalha em um ótimo hospital. É o mínimo. A ótima formação, sozinha, não garante, nem de longe, excelência. A excelência requer muito mais do que um bom currículo. Ela requer, acima de tudo, humanidade, gentileza, compaixão. Um tratamento humanizado (mas humanizado de verdade, na prática, não somente na teoria) fica marcado para sempre e faz valer o juramento feito em sua formatura (do qual talvez você tenha se esquecido): "Curar quando possível, aliviar quando necessário, consolar sempre".

Ainda me dói lembrar da médica, assim como me machuca muito lembrar do padre. Num dos dias mais difíceis do início da internação da Alice, saí do hospital (já estávamos em São Paulo, e aquela era a segunda UTI pela qual passávamos na cidade) sem cabeça, sem rumo, sem direção. Não me lembro de como, mas cheguei a uma igreja que ficava próxima ao hospital. Naquele dia, não vi o Parque Buenos Aires com seus cachorros e crianças brincando, não vi a Avenida Angélica, não vi nada. Só lembro que, de alguma forma, cheguei àquela igreja. Eu sentia um desespero tão grande, que é difícil colocar agora em palavras. Por alguns minutos, aquela igreja, cheia de rosas, parecia ser um lugar onde eu poderia ter algum consolo. Ali, vendo o meu estado, um rapaz me sugeriu conversar um pouco com o padre, que estava no segundo andar. Achei que poderia fazer bem e fui ao encontro dele. Não me lembro de como cheguei à igreja aquele dia, mas me lembro exatamente das palavras saídas da boca daquele homem:

— Você tem marido?

— Sim, eu sou casada.

— Seu marido é bom?

— Sim, padre, eu tenho um bom marido, graças a Deus!

— Então faz outro.

Fiquei parada, anestesiada, olhando perplexa para aquele homem como se ele não existisse. Não conseguia acreditar nas palavras daquele que, naquele momento, poderia ter me oferecido alento. Ainda hoje consigo sentir a dor que me inundou ao ouvir aquilo e a mágoa por ter buscado ajuda e ter ouvido algo tão frio e desumano, principalmente vindo de um padre. Nunca fui uma pessoa rancorosa, mas não consigo esquecer aquelas palavras, assim como as da médica.

Sempre ouço que, para ressignificar algumas dores, eu deveria procurar ajuda psicológica. Acredito que isso faça muito sentido, mas, ao mesmo tempo, preciso dizer logo de início que tenho um pouco de trauma de psicólogos. Antes, no entanto, devo dizer também que admiro muito a profissão e que algumas de minhas melhores amigas são psicólogas. O problema é que, nos hospitais, em fases em que a Alice estava muito grave, muitas vezes a psicóloga era chamada com o objetivo de "fazer aquela mãezinha entender que estava perdendo a filha". Abro aqui um parêntese para dizer que não sou de odiar muitas coisas na vida (com exceção de faca de pão, lençol preso na beirada da cama e lençol debaixo do cobertor), mas odeio com todas as minhas forças o diminutivo *mãezinha* usado nos hospitais. Odeio. Meu nome é Bruna! Deixei isso bem claro algumas vezes, a maioria delas em situações em que profissionais da saúde tentaram diminuir minha autoridade como mãe e também meu conhecimento sobre a minha filha. Parêntese fechado, voltamos à psicóloga.

Normalmente ela entrava no quarto quando eu já havia ficado horas em pé ao lado do berço da Alice, já havia falado com mil médicos e já estava com dores por todo o corpo. Entrava, justamente, quando eu estava esgotada e tudo que mais queria era ficar sentada e em silêncio. Eu não queria ser indelicada, então normalmente me levantava e falava com ela (nunca consegui entender por que cargas d'água ela não se sentava). Lembro-me de um dia em que reclamei que uma técnica de enfermagem havia se esquecido de administrar um remédio importante para a Alice, e a psicóloga, em uma reação corporativista, convidou-me a refletir sobre os motivos pelos quais a técnica de enfermagem havia se esquecido ("pode ser sobrecarga de trabalho, pode ser algum problema pessoal..."). Um convite inadequado em um momento inadequado. Minha resposta foi, gentilmente, que acreditava que a instituição, sim, deveria procurar os motivos e os meios para evitar erros como aquele, mas que eu, como familiar, não deveria buscar entender as razões pelas quais uma funcionária do hospital comete um erro que tem impacto no tratamento da minha filha. Isso já seria demais.

Sempre me incomodou muito quando erros foram minimizados (e, sendo sincera, enfrentamos erros em todos os hospitais pelos quais passamos, do mais simples ao mais renomado). Após alguns desses erros, a psicóloga parecia se esforçar para servir ao propósito de "acalmar a mãezinha", mas, na prática, aquela postura piorava bastante as coisas. Certo dia, ela veio com uma história de "tênis x frescobol" (dá um *Google* aí!) como analogia para as relações humanas bem no momento em que eu falava de um erro do hospital. Eu, caladinha, tive secretamente a vontade de voar no pescoço dela. Não consigo entender bem o motivo de erros não serem normalmente assumidos com franqueza para que sejam buscadas estratégias para que não aconteçam novamente. A sensação é a de que, na maioria das vezes, a intenção é simplesmente colocar panos quentes, seguir em frente, passar o plantão. É impossível quantificar as vezes que precisei ser "a mãe chata" para garantir que erros não fossem disfarçados. Em algumas situações absurdas, inclusive, esses erros foram justificados com frases como "ah, mas a Alice é muito grave, e os profissionais ficam tensos pela alta exigência". Era quase como se tivéssemos que pedir desculpas pela gravidade do pulmão dela. Essas desculpas eu não pedi. Esforcei-me ao máximo para ser educada em todas as situações, mesmo naquelas em que eu tinha vontade de falar poucas e boas. Educada, sim; indiferente, nunca. Acabei entendendo que alguns profissionais dos hospitais estão ali para pensar nos hospitais. Eu, no entanto, existo para pensar na *minha filha*. Sei que não é culpa da psicóloga e que, talvez, sua intenção fosse boa, mas essa situação me fez ter uma resistência imensa a sessões de psicoterapia. Um dia espero superar esse bloqueio, pois conheço inúmeras pessoas que se beneficiam cotidianamente de tratamentos para saúde mental, mas acho que vai levar um tempo, assim como vai demorar bastante para entender e digerir tantos outros momentos vividos ao longo da nossa luta pela vida da Alice.

Outra situação que trouxe um impacto extremamente negativo foi o momento em que ouvimos pela primeira vez o termo *cuidados paliativos* (àquela altura estávamos na terceira UTI). A Organização Mundial da Saúde (OMS) diz que:

> Cuidados paliativos consistem na assistência promovida por uma equipe multidisciplinar, que objetiva a melhoria da qualidade de vida do paciente e seus familiares, diante de uma doença que ameace a vida, por meio da prevenção e alívio do sofrimento, por meio de identificação precoce, avaliação impecável e tratamento de dor e demais sintomas físicos, sociais, psicológicos e espirituais.

Entretanto, infelizmente, na primeira vez que ouvimos esse termo, ouvimos também que não havia mais nada a ser feito pelo pulmão da Alice. Pronto. Pânico instalado e muro construído. O simples fato de terem errado o momento certo de conversar conosco sobre os cuidados paliativos serviu para reforçar toda a ideia que hoje os paliativistas lutam tanto para desconstruir (e eu nem preciso dizer qual é). Não aceitei e passei muito tempo negando. Meu coração sentia que permitir aquele acompanhamento seria aceitar que nada mais seria feito pela minha filha (e, na prática, acredito que, naquele momento, era mesmo o que iria acontecer).

Mais tarde, na quarta UTI, iniciaram-se novamente as conversas sobre os cuidados paliativos. Tive longas conversas com a Dra. Ana, médica paliativista, e ela entendeu a minha resistência e os meus motivos. Lembro-me como se fosse hoje das palavras do Bernardo: "Se for mais uma pessoa para entrar aqui todos os dias dizendo que a Alice está morrendo, não precisa vir!". Aquele era exatamente o nosso sentimento. Não queríamos mais ouvir a mesma coisa todos os dias, dita por várias pessoas diferentes (algumas realmente preocupadas conosco, outras simplesmente incorporando muito bem o papel de Cavaleiros do Apocalipse).

A Dra. Ana concordou que, inúmeras vezes, o momento de indicar os cuidados paliativos era inadequado e me contou que, em outra situação, a sua equipe já foi acionada pela primeira vez exatamente para dizer a um familiar que seu ente querido estava morrendo. Condutas assim não nos deixam parar de ver os cuidados paliativos com olhos desconfiados, não é mesmo? Ela me explicou que a luta atual é para que os cuidados paliativos acompanhem o paciente e a família desde o diagnóstico de uma doença ameaçadora da vida. Isso faria muito mais sentido. Além de fazer mais sentido, evitaria também tantos preconceitos e tanta resistência a esse cuidado.

Em uma de nossas conversas, resumi muito bem a nossa batalha: "Doutora, a Alice está lutando muito. Tudo em sua vida sempre foi do jeito dela e vai continuar sendo. Nós vamos lutar com ela até quando *ela* quiser lutar. Até lá, ela vai receber o melhor de mim, o melhor da minha família e o melhor do hospital e das pessoas que escolhemos para cuidar dela. Eu estou aqui para garantir isso!". Com isso, acho que ficaram ainda mais claros os valores que norteiam nossa família no enfrentamento da doença da Alice e eu queria que esses valores estivessem escritos em todos os cantos e que cada profissional que entrasse em nosso quarto tivesse conhecimento deles. Cheguei uma vez a escrever uma carta a ser lida por todos os médicos da equipe. Nas linhas finais dessa carta, uma mensagem: "Nossa fé e nossa esperança não excluem nossa consciência sobre a realidade". Nós sabíamos da gravidade da situação, e não era necessário que precisassem se certificar desse conhecimento todos os dias. Era exaustivo e doía.

A médica dos cuidados paliativos foi nos conhecendo, conhecendo o que para nós era importante e, sobretudo, conhecendo a força da Alice. Em uma de suas visitas, inclusive, ela me disse que a Alice tinha inspirado um modelo de tomada de decisões que ela havia elaborado e que, ao cuidar dela, a maior lição aprendida era a de humildade, já que os prognósticos, até o momento, tinham sido todos contrariados. Fui aprendendo a ver a importância dos cuidados paliativos, dizendo o que me incomodava, pedindo ajuda quando necessário. Li livros maravilhosos como *Enquanto eu respirar*[4] e *A morte é um dia que vale a pena viver*[5] para tentar entender um pouco mais como esses cuidados poderiam nos auxiliar e, aos poucos, fui me deixando ser ajudada. Essa foi uma etapa importante do processo de aceitação e enfrentamento da doença da Alice, e agradeço por não ter fechado as portas para esses cuidados devido à primeira impressão. Hoje vejo claramente o privilégio que é ter a possibilidade de sermos acompanhados pela Dra. Ana e termos o olhar atento dos cuidados paliativos, pois entendo seus objetivos e confio que esses cuidados servem realmente para minimizar o sofrimento da Alice durante a sua luta. Nesse caso, ao contrário dos outros, tivemos um ranço desmistificado (ainda bem!).

A médica (a primeira sobre a qual falei neste capítulo), o padre e a psicóloga são somente alguns exemplos de pessoas que, pela posição que ocupam, poderiam ter, pelo menos, feito com que me sentisse minimamente consolada, abençoada (na medida do possível) ou ouvida. Nessa quebra de expectativa, mágoas foram criadas, e ranços se instalaram. Obviamente tivemos contato também com outros médicos, outros padres e outras psicólogas que, felizmente, foram importantes em nossa caminhada e nos mostraram que a grande questão não é o aspecto profissional ou a posição ocupada, mas a compaixão dentro de cada um.

---

4 SOARES, Ana Michelle. *Enquanto eu respirar*: dançando com o tempo e com todas as possibilidades de estar viva até o último suspiro. 1 ed. Rio de Janeiro: Sextante, 2019. 240 p.

5 ARANTES, Ana Claudia Quintana. *A morte é um dia que vale a pena viver*: e um excelente motivo para se buscar um novo olhar para a vida. Rio de Janeiro: Sextante, 2019. *E-book*.

capítulo 4.
NOSSA ALDEIA

É sobre ser abrigo e também ter morada em outros corações
E assim ter amigos contigo em todas as situações
(Ana Vilela)

Existe um provérbio, supostamente de origem africana, que diz: "É preciso uma aldeia para criar uma criança."

Nenhum provérbio fez tanto sentido para mim desde que a Alice adoeceu. Antes daquele 15 de abril de 2019, é claro que contávamos sempre com a ajuda das vovós Edilse e Rosana e do vovô Nonô, que, mesmo morando a quase 700 km de distância, estavam sempre conosco, trazendo apoio, segurança e amor constantes. Depois do adoecimento da Alice, entretanto, nossa aldeia precisou crescer consideravelmente, pois passamos a precisar (muito!) de cada vez mais ajuda.

Chego a me emocionar só de me lembrar de tantas pessoas que entraram em nossa vida profissionalmente (médicos, fisioterapeutas, enfermeiros, técnicos de enfermagem, fonoaudiólogos e terapeutas ocupacionais) e ficaram. Alguns deles, inclusive, ultrapassaram o lado profissional e tornaram-se rede de apoio, segurança, aldeia.

Já ouvi muitas vezes dizerem por aí que, para trabalhar com saúde, os profissionais precisam ser frios a ponto de não se apegarem a seus pacientes. Peço desculpas a quem pensa assim, mas para mim isso não serve. Como não se apegar a duas bochechas rosadas e dois olhinhos grandes que te olham com toda valentia desse mundo? Como não se apegar a uma história e a uma luta como a da princesa Alice? Como não sentir algo pulsando dentro do peito ao observar de perto uma luta como a da nossa família?

Muita gente se apegou à nossa filha e lutou conosco a nossa luta. Alguns profissionais, inclusive, viraram família. Quando conseguimos sair da UTI (após aqueles 506 intermináveis primeiros dias), só tivemos essa oportunidade porque foi possível ter conosco diariamente pessoas que, além de excelentes profissionais, decidiram vestir a camisa, decidiram se apegar, decidiram fazer parte da vida da Alice e da história de superação que ela escreve todos os dias. Aqui preciso dizer que não falo das empresas de *home care* (sobre as quais nem vou entrar em detalhes para não despejar toda a insatisfação e toda a revolta que sinto por tanta falta de preparo, respeito e humanidade). Eu falo aqui de algumas médicas, fisioterapeutas, fonoaudiólogas, terapeutas ocupacionais e profissionais de enfermagem que merecem toda a minha gratidão.

A Dra. Lucília, médica que acompanhava a Alice na UTI e continuou acompanhando em casa, nem parece médica de tão humana[6]. Por ser tão experiente e estar em uma posição tão invejada na carreira, poderia muito bem ser uma pessoa que não escuta uma simples mãe, mas, ao contrário, é uma das médicas que mais ouvem e que mais consideram a família como parte importante do processo de tratamento de uma criança. Foram incontáveis as situações em que senti de outros médicos uma impaciência irritante nas vezes em que me posicionava, questionava e pedia explicações sobre determinadas condutas. Dela (e de alguns outros – poucos – médicos), nunca senti essa impaciência. Ela nos dava voz, ponderava e então decidia a melhor conduta. A cada decisão tomada, tínhamos, todos nós, a certeza de que ela estava fazendo o que, naquele momento, achava ser melhor para a Alice. Ela se importava genuinamente. Ela se importa. Isso, para mim, vale muito mais do que qualquer outra coisa. Ela, do alto de sua carreira impecável, ainda consegue ser humana, ainda consegue ouvir uma mãe desesperada, ainda consegue sentir.

Quando saímos da UTI, passamos a nos falar praticamente todos os dias para dar notícias da Alice, e, quando eu ficava um dia sem enviar uma mensagem, ela me mandava: "Tudo

---

[6] Entendo que esta frase pode ser de certa forma polêmica. Entretanto, entendo também que, mesmo sendo um grão de areia, ela pode suscitar reflexões importantes e promover mudanças.

bem por aí, Bruninha?". Quantos médicos assim existem por aí? Já telefonamos para a Dra. Lucília desesperados em uma situação de emergência em casa, e, em vinte minutos, ela estava ao nosso lado. Sabe aquela sensação de poder realmente contar com alguém? É muito bom sentir isso, e sou imensamente grata por termos encontrado a Dra. Lucília em nossa vida. Várias outras médicas foram muito importantes em nossa caminhada, e a elas todo o meu agradecimento (certamente elas sabem quem são), mas a nossa relação tão próxima com a Dra. Lucília talvez seja algo predestinado. Em uma de minhas buscas por algo em que me agarrar, lembro-me de ter ido a um centro espírita. Nele, eu disse que estava pensando em mudar de hospital (estávamos na terceira UTI), pois as coisas, mais uma vez, iam mal. Lá, ouvi que deveria esperar um pouco, pois uma médica estava sendo preparada especialmente para a Alice. Algumas semanas depois, voltei ao centro e me disseram para mudar de hospital. Não sei se acredito em muita coisa, mas, aqui dentro, acredito que essa médica seja a Dra. Lucília. Vou guardar para sempre em meu coração o carinho com que ela coleta as gasometrias arteriais da minha filha, cantando para ela, ninando, desviando-se dos chutes, acalmando a pequena fera que atende pelo nome de Alice. Vou ser sempre grata por ver sentimento, compaixão correndo nas veias, ainda que isso possa doer nela também. Nada me parece mecânico, forçado ou feito no modo automático. Existe uma beleza tão grande em um cuidado assim, que emociona e acalenta a alma, mesmo em meio a tanto sofrimento.

Certa vez, a Dra. Ana (dos cuidados paliativos) me disse algo bem bonito: muitos médicos conseguem ser realmente ótimos, mas poucos conseguem ser sábios de verdade. Estou completamente de acordo com isso. A sabedoria da Dra. Lucília é algo além do inquestionável saber técnico. Conhecemos, em nossa caminhada, ótimos médicos, com formações e carreiras impressionantes. No entanto, fui percebendo ao longo do tempo que aqueles que deixavam marcas em nossos corações eram os que, além do saber técnico, olhavam para a Alice e para a nossa família com olhos humanos, com uma vontade genuína de fazer algo por ela e por nós. Muitas vezes, bastava um abraço ou uma palavra de conforto. Essas marcas profundas de gratidão foram e continuam sendo deixadas por alguns médicos que contamos nos dedos e por outros profissionais de saúde que conhecemos nesse tempo.

Como a doença pulmonar da Alice é extremamente delicada, ela precisa de fisioterapia todos os dias, mais de uma vez ao dia. Para a sua qualidade de vida, a fisioterapia é essencial e faz toda a diferença. Em nosso caminho, tivemos a sorte de ter encontrado fisioterapeutas que, além de profissionais de altíssimo nível, são excelentes seres humanos. Profundamente competentes e com ótimos currículos, mas, mais importante que isso, extremamente carinhosas, pacientes e decididas a lutar pela Alice ao nosso lado. Em casa, as fisioterapias respiratória e motora ganharam novas modalidades, mas a preferida da Alice sempre foi a "fisiodengo" (fisioterapeutas do meu Brasil: apenas usem!). Além de se preocuparem com o padrão respiratório, com os parâmetros da ventilação mecânica e com o ganho de força muscular, nossas superfisios se preocupavam também se a Alice estava tranquila, se precisava de mais tempo ou se, naquele dia, só necessitava de colo. Muitas vezes, inclusive, o colo foi para mim. Ganhei chocolate em dias difíceis, e já quiseram me colocar em um potinho e cuidar de mim em um período de esgotamento profundo. Preocupavam-se com o Bernardo, com a minha mãe, com a Rosana, com a família inteira. Buscaram remédio, levaram material para exame no laboratório, atenderam ligação de madrugada, entraram em ambulância, em furada e na nossa vida para somar de verdade. A Alice odeia fazer fisioterapia, confesso, mas certamente ama essas fisioterapeutas que escolheram acreditar nela, trabalhando com amor, na esperança de dias melhores.

Além das fisioterapeutas e das outras queridas profissionais de reabilitação que nos acompanhavam em casa (fonoaudiólogas e terapeutas ocupacionais), a equipe de enfermagem teve, desde o início, um papel fundamental para o conforto da Alice, já que são as pessoas que ficam ao lado dela 100% do tempo. Nem sempre foi fácil ter uma equipe de enfermagem preparada, coesa e dedicada a todos os cuidados que a Alice exigia. Por se tratar de uma doença rara e gravíssima, inúmeros profissionais nunca tinham ouvido falar em bronquiolite obliterante e, muito menos, de um caso tão atípico como o da Alice (nem mesmo dentro dos hospitais). Foi necessário treinar, explicar, mudar... Até que fomos encontrando pessoas que, mesmo que não conhecessem inicialmente essa doença, decidiram aprender para cuidar da melhor forma possível. Essas pessoas estiveram ao nosso lado nos melhores e nos piores momentos, cuidaram da Alice na UTI e em casa, entrando não somente na vida dela, mas também na nossa.

Por causa dessas pessoas, tivemos a oportunidade de ficar um tempo em internação domiciliar. Com a ajuda delas, vimos a Alice ter muitos ganhos e dar alguns sorrisos novamente (raros, mas quando isso acontecia não tinha nada melhor nesse mundo inteiro). Pudemos dar banhos de banheira relaxantes com óleos essenciais (com ventilação mecânica, oxigênio, muito suporte, mas muito amor), pudemos criar um canto de brincadeiras, fazer fisioterapia na varanda, balançar na rede, deitar juntos no sofá e viver tantos momentos que não teriam sido possíveis sem toda a ajuda que tivemos. Por causa dessas pessoas, conseguimos ter algumas noites de sono (mesmo que nunca completas por sempre vivermos no que eu chamo de "modo sobrevivente", sempre prontos para alguma emergência), pudemos ter um jantar fora de casa, e eu pude, até mesmo, passar um fim de semana com meus pais em Minas Gerais.

Fazia três anos que eu não ia a Minas (e, antes do adoecimento da Alice, íamos praticamente todos os meses). Mesmo vendo meus pais em São Paulo, a saudade da nossa casa e de estar com eles nela me doía um pouco naqueles dias em que eu me permitia sentir alguma coisa. Na maioria dos dias, só sigo em frente, sem pensar, como um trator passando em cima dos problemas, tentando resolver tudo com um objetivo somente: a sobrevivência da Alice e a sua qualidade de vida. Não me permito sentir para não desabar, pois, no momento em que ousei sentir profundamente, não conseguia me levantar do sofá. Algumas vezes, entretanto, o sentimento aflora. Nessas vezes (os "dias de sentir"), o choro vem e quero ficar quietinha (o que raramente consigo). Tomo algo quentinho, como se a bebida pudesse me abraçar e me dar um aconchego. Algumas vezes escrevo, pois sempre fiz da palavra escrita refúgio. Na adolescência e na juventude escrevia diários e lembro-me sempre do quanto aquele hábito me fazia bem (tenho ainda comigo o último deles, que escrevi durante meu intercâmbio na Itália na época da faculdade). Escrever tem o poder de me dar momentos de cura. Num desses "dias de sentir", sentei-me em frente ao computador após um longo período sem colocar uma única palavra no papel e deixei transbordar a saudade da casa dos meus pais.

Vento na porta

Depois de alguns meses, alguns reais e alguma dor de cabeça, a velha casa onde cresci está quase nova. Mesmo assim, a porta ainda bate quando há vento. Não é bem uma batida, mas um barulho manso, que só amedronta uma menina tímida de cabelos desgrenhados e pés no chão. Não escuto mais o vento, pois não entro naquela casa há anos, mas sei que ele está lá. Os passos de meus pais estão lá, nossas memórias de tempos felizes também. Preciso fingir não ver os anos passando sem que eu acompanhe esses passos e sem que possamos criar novas memórias juntos naquela casa da porta que bate com o vento. Preciso fingir e pensar que o vento continuará batendo e que aquela menina amedrontada dos cabelos desgrenhados e pés no chão sempre poderá chamar seus pais para eles dizerem que é só o vento. É só o vento, pode dormir tranquila. E durmo tranquila, 700 km longe daquela casa, daqueles passos, daquela porta, daquele vento.

Mostrei o texto ao Bernardo, que chorou imediatamente. O meu "dia de sentir" tinha se tornado dele também. Depois a Dra. Lucília sentiu comigo, uma das fisioterapeutas também... Até que meu "dia de sentir" transformou-se no projeto de ir ver meus pais em Minas Gerais um fim de semana. Começou como um sonho, pois inicialmente parecia ser impossível deixar a Alice, mesmo que somente por um fim de semana, com toda a sua gravidade, todas as urgências e cuidados que demandava. Depois o sonho foi tomando forma, e as pessoas queridas que cuidavam dela foram nos apoiando. A Rosana estaria com o Bernardo em casa, as fisioterapeutas veriam Alice duas vezes ao dia, teríamos duas pessoas da enfermagem juntas o tempo todo com ela, e a Dra. Lucília me enviou uma mensagem dizendo para ir tranquila, pois, em caso de necessidade, em quinze minutos ela estaria dentro do nosso apartamento (e eu tenho certeza de que ela estaria mesmo). Planejamos a minha ida durante um tempo, treinamos a equipe de enfermagem para alguns procedimentos que somente eu fazia, e, no início de abril de 2022, fui passar um fim de semana em Minas Gerais.

Como foi importante aquele momento! Três anos sem ir à casa dos meus pais, três anos sem abraços, sem ficar sentada naquele quintal verde e florido embaixo da parreira, sem ouvir os pássaros, brincar no chão com a Nina (minha labradora destruidora) e me sentir tão cuidada e amada. Conheci a casa nova dos meus pais (após uma grande reforma) e me emocionei ao ouvir minha mãe dizer que a partir daquele momento ela ficaria feliz com a nova casa, pois não conseguia ver beleza nela sem saber quando sua amada filha poderia voltar ali. Conheci também o consultório novo do meu irmão, o sítio... Descansei na rede, dormi, andei de caiaque com meu sobrinho (quase nos derrubei no lago), apostei corrida com os gansos, comi as empadas e a torta floresta negra da minha padaria preferida e aproveitei o aconchego de tantas pessoas que amo e que me amam também. No sítio, no sábado à noite, fizemos uma fogueira perto do lago e ficamos conversando, lembrando de bons momentos e, no coração, pedindo aos céus que eles possam se repetir.

Comentei com minha mãe o sonho de dar a chance de uma vida melhor à Alice e o fato de ter começado a pesquisar sobre a possibilidade de um transplante de pulmão *inter vivos*. Há poucos casos de transplantes desse tipo no Brasil e muitas dificuldades para a indicação, mas a pesquisa me fez sonhar com mais qualidade de vida para o meu amor. Para um transplante desses, é usada uma parte do pulmão de dois doadores vivos, possivelmente o pai e a mãe. Como meu tipo sanguíneo e fator Rh são iguais aos da Alice, eu seria uma potencial doadora. O Bernardo tem um tipo sanguíneo diferente, o que poderia ser um entrave. Sonhando alto com essa possibilidade, perguntei quais eram os tipos sanguíneos da família, e, aparentemente, meu irmão também tem o mesmo tipo e o mesmo fator Rh da Alice. Não quis perguntar se ele doaria uma parte do pulmão a ela caso tivéssemos essa possibilidade. Não sei por que motivo, mas não me senti preparada para essa pergunta. Um pouco depois, meu irmão chegou perto de mim e disse: "É claro que eu vou doar uma parte do pulmão para a Alice se tivermos essa chance!". Eu disse a ele que havia começado a pesquisar um pouco sobre isso, que aparentemente não havia mortalidade entre doadores e que, provavelmente, só não seríamos atletas:

— Mesmo sendo uma cirurgia de grande porte, pelo que li não há mortalidade entre os doadores. Só não vamos ser atletas, mas isso nós já não somos, né?

— Mesmo que fôssemos!

Não pude (e ainda não posso) conter as lágrimas ao pensar no quanto é bom ter um irmão que doaria uma parte dele para que a minha filha possa viver. Tenho certeza absoluta de que, se em algum momento esse dia chegar, terei meu irmão ao nosso lado, pronto para compartilhar comigo a honra de dar um pouco do nosso ar à Alice.

Inicialmente achei que poderia me sentir culpada por passar um fim de semana longe da Alice, mas, ao contrário, aqueles dias trouxeram-me esperança e fôlego novos. A verdade é que nem eu mesma sabia que precisava tanto daquilo. Eu, meus pais, meu irmão e tantas pessoas amadas da família só pudemos ter esses momentos juntos porque temos o apoio da nossa aldeia e estamos cercados de pessoas que se preocupam com a Alice e conosco. Tendo consciência disso, tento, sempre que possível, dizer a essas pessoas o quanto elas fazem diferença na nossa vida, pois, sem elas, não sei como conseguiríamos dar qualidade de vida e segurança à Alice sem nos perdermos nesse processo. Conheço muitas famílias que, após uma doença grave assim, acabaram se desfazendo em pedaços. Infelizmente, acredito que não seja uma situação rara. No nosso caso, ter uma rede de apoio sólida e pessoas que se preocupam genuinamente em dar o melhor delas (não somente como profissionais, mas como seres humanos) é o que nos ajuda a seguir, sabendo que não estamos sozinhos.

capítulo 5.

ELAS, AS MÃES DE UTI

Vietnã[7] (Wisława Szymborska)

Mulher, como você se chama? — Não sei.
Quando você nasceu, de onde você vem? — Não sei.
Para que cavou uma toca na terra? — Não sei.
Desde quando está aqui escondida? — Não sei.
Por que mordeu o meu dedo anular? — Não sei.
Não sabe que não vamos te fazer nenhum mal? — Não sei.
De que lado você está? — Não sei.
É a guerra, você tem que escolher. — Não sei.
Tua aldeia ainda existe? — Não sei.
Esses são teus filhos? — São.

---

[7] SZYMBORSKA, Wisława. *Poemas*. Seleção, tradução e prefácio de Regina Przybycien. Edição bilíngue: português/polonês. São Paulo: Companhia das Letras, 2011. 14ª. reimpressão, 2022. p. 39.

And then a hero comes along
With the strength to carry on
And you cast your fears aside
And you know you can survive
So when you feel like hope is gone
Look inside you and be strong
And you'll finally see the truth
That a hero lies in you
(Mariah Carey)[8]

And you're gonna hear me roar
Louder, louder than a lion
(Katy Perry)[9]

---

8 E então um herói aparece
Com a força para continuar
E você deixa seus medos de lado
E você sabe que pode sobreviver
Então, quando você sentir que a esperança se foi
Olhe para dentro de você e seja forte
E você finalmente verá a verdade
Que um herói está dentro de você
(Mariah Carey)

9 E você vai me ouvir rugir
Mais alto, mais alto que um leão
(Katy Perry)

Em nossos vários meses na UTI, conhecemos muitos pais lutando pela vida de seus filhos. Assim como tantas vezes eu fiz em meus momentos de desespero, testemunhei mães pedindo a Deus um milagre e, mais vezes do que poderia suportar, vi esse milagre não acontecer.

Essas mães que conheci nos hospitais pelos quais passamos têm uma força que, antes de vivenciar uma situação semelhante, eu nunca poderia imaginar ser possível. Obviamente conheci alguns pais muito presentes (e, felizmente, tenho um exemplo dentro de casa, pois o Bernardo sempre esteve conosco), mas, na maioria dos casos, eram as mães na linha de frente da batalha. Muitos homens não aguentaram o tranco e simplesmente se foram. Não é fácil passar pelo que passamos. Não é fácil ver sua vida se desmoronar como areia escorrendo entre os dedos ao longo de dias, meses, anos dentro de um quarto de UTI. Muitos pais se foram. Todas as mães ficaram.

Vi uma mãe se despedir de sua única filha adolescente na minha frente. Mães desesperadas chorando nos corredores (e muitas vezes eu era uma delas). Presenciei uma mãe, nos últimos momentos de seu filho, ajoelhar-se e implorar a Deus que fizesse alguma coisa, sem saber como chegar em casa e contar ao irmão gêmeo que seu companheiro de útero e de vida não voltaria para casa. Passei a madrugada da última noite de uma criança conversando ao celular com sua mãe, atormentada pela proximidade da despedida. Vi uma mãe morar na UTI, por quase dois anos, sozinha com seu filho. Sofri com a batalha de outra que, somente com a ajuda de sua mãe, mudou-se de uma cidade do Piauí para o Rio Grande do Sul buscando tratamento para seus dois filhos doentes, passando por todo tipo de dificuldade financeira ao longo dessa busca. Conheci uma mãe, hoje uma grande amiga, cuja filha tinha tido alta da UTI há bastante tempo, mas nossas histórias se assemelhavam, e, por isso, uma enfermeira nos colocou em contato. Lembro-me de quando ela foi ao hospital e me levou uma imagem de Nossa Senhora Aparecida que tinha recebido de outra mãe de UTI. Eu fui a quarta a receber essa Nossa Senhora e teria passado a imagem para uma amiga querida quando fomos para casa, mas ela perdeu seu filho antes que eu pudesse fazê-lo. Essas mães tornaram-se minhas amigas e inspirações. O sofrimento de uma doía em todas as outras. A cada vez que uma criança partia, meu coração doía pelo sofrimento daquela mãe e sangrava de medo ao imaginar que, em algum momento, eu seria aquela mãe. Meu coração ainda sangra ao pensar nisso, e, muitas vezes, o medo e o pavor são inevitáveis.

Ao mesmo tempo que acompanhei muitas mulheres no maior sofrimento de suas vidas, vi também essas mesmas pessoas adquirindo forças inimagináveis. Mães que se reinventaram, aprenderam tudo sobre as doenças de seus filhos, discutiram com médicos, buscaram novas opiniões, tratamentos e chances. Admiro do fundo do meu coração essas leoas e posso dizer que tenho muito orgulho de ter me tornado uma delas.

Antes do adoecimento da Alice, eu não conseguia ver uma gota de sangue e nem mesmo vê-la tomar vacina. Lembro-me de ficar na porta da clínica chorando todas as vezes enquanto o Bernardo entrava e acompanhava o momento da vacinação. Quando os dois saíam, eu tinha chorado bem mais do que ela. Depois daquele 15 de abril, aprendi a engolir o choro (na maioria das vezes) e decidi que acompanharia tudo, absolutamente tudo. Eu, até então sempre calma e delicada, vi-me brigando para garantir que não iriam desistir da minha filha ou negligenciá-la. Li todos os artigos que encontrei sobre bronquiolite obliterante, contatei o máximo de pneumologistas bem conceituados que pude, exigi respeito à luta da minha filha e evitei muitos erros. Já passei uma madrugada inteira lendo o manual de um dos equipamentos da UTI e mostrei a uma médica que ela havia falado besteira. Com a ajuda do Bernardo, da minha mãe e da Rosana, mantive um diário com todas as mudanças feitas no tratamento e, muitas vezes, consegui apontar caminhos não vistos pelas equipes dos hospitais. Alguns médicos, normalmente os mais experientes e conscientes do quanto eram bons, ouviam o que tínhamos a dizer, refletiam e, muitas vezes, agradeciam nossas observações e alteravam alguma conduta. Outros, no entanto (normalmente os menos seguros), somente demonstravam insatisfação e não consideravam nada do que dizíamos. Nesses casos, conhecendo absolutamente tudo da Alice, precisei ser firme para ser ouvida. Obviamente essa mudança me custou a doçura que antes me era característica, mas foi o que, muitas vezes, salvou a vida da Alice.

Conheci tantas mulheres que tiveram essa experiência intensa de amadurecimento a partir da doença de seus filhos e tenho um orgulho imenso de todas elas. Apesar de estarem sofrendo, aprenderam, estudaram, brigaram e lutaram por seus filhos. Lutaram para serem ouvidas pela equipe médica, brigaram com os planos de saúde por um tratamento digno aos filhos, batalharam contra a dor e a tendência (legítima) de sentirem pena delas mesmas, resistiram ao cansaço, ao medo e à vontade de enfiar a cabeça em um buraco. Para uma mãe de UTI, deixar-se consumir pela tristeza não é uma opção. Ou ficamos fortes ou ficamos fortes. É duro, é injusto, mas é isso.

Quando ouço algo como "no seu lugar eu não aguentaria", costumo dizer que quando a pessoa que mais se ama no mundo está sofrendo, você tira forças de onde nem imaginava e faz coisas que não pensava ser capaz de fazer. Você aguenta, você se levanta e mantém a esperança mesmo quando todos querem tirá-la de você. Você cai, claro, mas se levanta de novo e de novo e de novo, quantas vezes forem necessárias. No meu caso, caio a cada notícia ruim recebida, mas, depois de chorar, levanto a cabeça e sigo em frente. Aprendi isso (e muito mais) com mães admiráveis que conheci. Algumas delas, inclusive, são hoje amigas muito próximas com as quais construí um vínculo que, embora tenha sido criado na dor, traz alento ao meu coração e a sensação de não estar sozinha. Nossa relação foi construída a partir do sofrimento, mas, ainda assim, existem beleza, amor e uma vontade imensa de ver essas vidas despedaçadas sendo reconstruídas do jeito que for possível.

Já me perguntaram mais de uma vez se questiono por que isso aconteceu com a Alice. Eu questiono muitas coisas, mas essa não é uma delas. O que tento pensar para me ajudar com todas as culpas que, talvez irracionalmente, carrego é que, se a Alice, por algum motivo que não entendo, tinha que passar por tudo isso na vida, ainda bem que ela nasceu minha filha, pois estou ao lado dela em qualquer circunstância. Por ela, o que vier eu aguento. Ainda bem que essas mães que conheci estão ao lado de seus filhos. No momento, não sei se acredito em muita coisa, mas acredito com toda a minha alma que fui feita para ser mãe da Alice e que essas mulheres surpreendentes que tive a honra de conhecer foram feitas para serem mães de seus filhos.

capítulo 6.

A ONDA GIGANTE, A NUVEM NEGRA, O BOTÃO VERMELHO

> My sweet Lord
> My Lord
> My Lord
> I really wanna see you
> Really wanna be with you
> Really wanna see you, Lord
> But it takes so long, my Lord
> (George Harrison)[10]

> Nobody said it was easy
> No one ever said it would be this hard
> (Coldplay)[11]

Após 506 dias na UTI, levamos nossa filha para casa, contrariamente a tudo o que, desde o início, os médicos disseram que aconteceria. O pulmão dela não estava melhor, mas em casa ela teria mais qualidade de vida, estaria sempre rodeada

---

[10] Meu querido Senhor
Meu Senhor
Meu Senhor
Eu realmente quero ver você
Realmente quero estar com você
Realmente quero ver você, Senhor
Mas leva tanto tempo, meu Senhor
(George Harrison)

[11] Ninguém disse que era fácil
Ninguém nunca disse que seria tão difícil
(Coldplay)

pela família e não estaria tão exposta às infecções do ambiente hospitalar, que já tinham causado tantas complicações até aquele momento. Todo o processo de desospitalização foi conduzido pela Dra. Lucília, com o apoio da Dra. Míriam e da Dra. Marina (as duas pneumologistas queridas que nos acompanhavam, extremamente solícitas e dedicadas), de algumas fisioterapeutas do hospital (que passaram a cuidar da Alice também em casa) e do plano de saúde.

Nas semanas que antecederam nossa saída, fomos treinados para os principais procedimentos a serem realizados diariamente. Recordo-me de como esse processo nos apavorava e de como nos esforçamos para aprender tudo. Por sorte, o medo não nos paralisou. Ir para casa não deixou, nem de longe, as coisas mais fáceis. Alice saiu da UTI dependendo 100% de ventilação mecânica, oxigenoterapia, muitos remédios e muito suporte. A gratidão de sair do hospital vinha acompanhada de muitas incertezas e de uma responsabilidade duplicada, pois, em casa, em uma intercorrência, deveríamos estar prontos para agir. Não seria mais como na UTI, onde bastava apertar um botão em caso de necessidade e já tínhamos médicos, enfermeiros, técnicos de enfermagem e fisioterapeutas prontos para socorrer nossa filha. Em casa o socorro éramos nós.

Como a doença da Alice, desde o primeiro dia, foi sempre muito grave, a tensão era constante. Transformamos o apartamento que alugamos em São Paulo em uma miniUTI. Organizamos tudo, garantimos (nós mesmos) uma estrutura adequada ao que a saúde dela exigia naquele momento. Estávamos em internação domiciliar e, em teoria, tínhamos o respaldo de uma empresa de *home care*, mas a verdade é que não há acompanhamento efetivo e nem profissionalismo suficiente (muito menos preocupação e empatia). Treinamos a equipe de enfermagem, montamos caixas de emergências, protocolos e, com muito esforço, garantimos, em casa, um cuidado de excelência. Muitas pessoas do hospital achavam que não ficaríamos nem mesmo uma semana em casa depois daqueles 506 dias na UTI (ouvi depois que fizeram até um bolão de quantos dias levaríamos para voltar). A verdade é que, pela gravidade da doença da Alice, quase ninguém acreditava que seria possível que ela saísse do hospital, mas, contrariando tudo, nossa princesa saiu.

Ficamos um ano e oito meses em casa antes que ela precisasse voltar à UTI por mais tempo. Nesse período, com ajuda da nossa nutricionista maravilhosa, ela cresceu e engordou, voltando a ter algumas dobrinhas de fofura (no hospital ficou a maior parte do tempo sem crescer nada). Ainda que com muita dificuldade, terminamos a retirada completa da sedação (levamos um ano e três meses para tirar tudo completamente), ela tomou banhos gostosos de banheira com óleos essenciais, ficou deitadinha com a mamãe e o papai no sofá, dormiu no bercinho aconchegante, teve sua primeira festa de aniversário fora do hospital (as duas primeiras foram dentro da UTI), ganhou muito chamego da família e emocionou toda a equipe que cuidava dela. É impressionante como a Alice tem o poder de emocionar e cativar todos que têm contato com ela e com a história da sua luta pela vida. Emocionante, inspirador, digno de orgulho.

Mesmo sabendo que não há cura para a bronquiolite obliterante, tínhamos esperança de que, com o passar do tempo, aquela parte doente do pulmão fosse se tornando uma pequena parcela de um pulmão que cresceria saudável, com novos alvéolos. Conheci alguns casos assim, de crianças com a mesma doença, e tinha muita esperança de que essa pudesse ser também a evolução da Alice. Entretanto, mesmo com todos os avanços em casa, o tempo foi passando, e fomos percebendo que o pulmão dela não estava melhorando. Ao contrário, estava piorando um pouco a cada tomografia que fazíamos. Não observávamos nenhuma melhora nos parâmetros ventilatórios e na quantidade de oxigênio usada. Nada parecia melhorar.

No hospital ou em casa, o medo sempre nos acompanhou, mas em casa estávamos sempre no "modo sobrevivente". Campainha de emergência em nosso quarto, babá eletrônica ligada

24 horas por dia, ramais em todos os cômodos da casa. Certa vez, ao fazermos um teste da campainha de emergência, o Bernardo e eu arregalamos os olhos e ficamos com o coração acelerado, mesmo sabendo que era um teste (e ainda por cima feito por nós mesmos). Outra vez a nossa funcionária apertou sem querer a campainha de emergência da sala, e o Bernardo saiu correndo de uma reunião *online* com 30 pessoas. Nesse dia, ele caiu no choro quando viu que estava tudo bem. O medo era um monstro que nos rondava o tempo todo. O pior de tudo é que não era um medo infundado. Era real, tangível.

Lembro-me de uma técnica de enfermagem que, ao conhecer a Alice, disse não se sentir segura para assumir os cuidados, pois quando ela chorava sua saturação de oxigênio caía muito. Na verdade, a saturação caía quando ela chorava, quando ficava brava, quando sentia dor... A saturação caía por qualquer motivo (e às vezes até sem motivo aparente). Caía e não caía pouco. Despencava em segundos.

Em uma das piores intercorrências que tivemos em casa, quando houve uma decanulação acidental (que é quando a cânula de traqueostomia sai da traqueia) por manipulação incorreta da técnica de enfermagem, chegamos ao quarto da Alice sete segundos após terem tocado a campainha de emergência, e a saturação já estava em 59%, com ela roxa e fazendo um esforço tremendo para respirar. Era um sábado, 6h da manhã. Eu dormia, e o Bernardo trabalhava no escritório. Ao ouvirmos a campainha, voamos para o quarto. Vendo nossa filha sem respirar, o Bernardo recolocou imediatamente a cânula de traqueostomia de volta enquanto as duas técnicas de enfermagem estavam paralisadas, com os olhos arregalados, sem saberem minimamente o que fazer. Naquele momento, com as próprias mãos, ele salvou a vida da nossa filha mais uma vez. A Dra. Lucília chegou em vinte minutos e só foi embora quando Alice estava confortável e fora de perigo. Aquele foi um dos nossos dias mais difíceis em casa. Eu, o Bernardo e minha mãe não conseguimos comer, não conseguimos pensar e nem conversar o resto do dia. Se o

Bernardo não tivesse agido, teríamos perdido a Alice naquele dia, na nossa frente. Aquele episódio nos lembrou do quanto a vida dela é frágil e do quanto era necessário que estivéssemos sempre preparados. Eu já não dormia uma noite inteira há anos, e, depois daquilo, as coisas pioraram muito nesse sentido. Mesmo com duas profissionais de enfermagem no quarto da Alice o tempo todo, eu dormia sempre com a babá eletrônica ao meu lado e me levantava correndo desesperada a cada apito do oxímetro.

Não me lembro da última vez que dormi a noite inteira. Não me lembro da última vez que tomei um porre ou me senti leve. Tornei-me uma pessoa tensa, ansiosa, pesada. A Bruna tranquila e doce que fui um dia deu lugar à Bruna que precisa garantir a vida de sua filha, no sentido mais literal possível. Envelhecemos todos. O Bernardo ainda tinha alguns fios de cabelo pretos na cabeça antes do adoecimento da Alice. Agora, é difícil achar um sequer que não seja branco. Minha mãe e a Rosana, sempre festeiras e alegres, abandonaram suas vidas para nos ajudarem nos cuidados e dividirem conosco o sofrimento. A família toda adoeceu.

Com o passar do tempo, fomos percebendo que o milagre que pedíamos não vinha. Começamos a perder a esperança, e esse foi um dos nossos maiores baques até agora. Perder a esperança faz com que seja difícil levantar a cabeça e ter fé no amanhã. Nós nos levantávamos todos os dias porque não havia opção e Alice dependia de nós, mas a vontade era de enfiar a cabeça em um buraco e não tirar mais. Perder a esperança é desistir antes da hora, é não terminar a partida e entregar o jogo, é ter certeza de que já se sabe que o fim do filme é triste. A verdade é que o fim do filme da vida é sempre o mesmo para todos nós, mas alguns são naturais, outros são tristes. Perder a esperança, no nosso caso, é achar que o filme é um curta-metragem e saber que o fim dele é triste. Viver assim, esperando o triste fim de um curta-metragem, vai minando dia a dia as forças, sangrando gota a gota o coração e tirando aos poucos a cor de tudo ao nosso redor.

Certa vez um amigo nos disse que a sensação que ele tinha era a de que eu e o Bernardo estávamos diante de uma onda gigante, tentando segurá-la como podíamos, mas que em algum momento aquela onda iria se quebrar. Tive vários pesadelos com essa cena e também com uma nuvem negra em cima de nós. É assim que me sinto na maior parte do tempo: com uma nuvem negra imensa em cima das nossas cabeças. Não importa o que fazemos, não importam todas as nossas tentativas de impedir que chova. Mesmo com todos os cuidados, no melhor hospital, com os melhores profissionais e com o maior amor do mundo. Não temos controle sobre isso, e é difícil aceitar que estamos à mercê do acaso. A doença da Alice aconteceu aleatoriamente, e estamos aleatoriamente soltos embaixo de uma nuvem negra que, eventualmente, vai se romper em uma chuva que não podemos evitar.

Sinto que esse medo da onda que vai se quebrar ou da nuvem que vai chover acaba levando, um pouco a cada dia, a minha alma. É como se, a cada vez que furam a Alice ou que ela faz esforço para que o ar entre em seus pulmões, eu perdesse um novo pedaço de mim. O mundo, antes colorido pelos sorrisos dela, perde uma nova cor a cada exame, a cada choro, a cada vez que ouvimos mais um médico dizer que o pulmão dela não é de uma pessoa que deveria estar viva. A cada nova infecção, a cada mínimo espirro, eu me desespero sem saber se a areia na ampulheta está pelo menos na metade ou se está chegando ao fim.

Perdendo a esperança, passei também a questionar Deus. Durante meus questionamentos, não perguntava o porquê disso tudo, mas até quando. Questionava onde Ele estava que não via o sofrimento da Alice e o nosso desespero. Começou a me incomodar ouvir de muitas pessoas (todas elas com boas intenções, é claro) que eu deveria pedir a Deus a cura da Alice com todas as minhas forças, pois as orações de uma mãe são poderosas e abrem as portas do céu. Tenho certeza absoluta de que as pessoas falam esse tipo de coisa para ajudar, mas em um determinado momento passa a doer.

Será que não estou rezando o suficiente? Será que não estou pedindo direito? O que é que eu não estou fazendo certo para que a Alice não seja curada por Deus? Essas perguntas ecoavam todas as noites em minha cabeça, tirando o pouco de sono que ainda conseguia ter. Tentativas de ajuda como essas passaram a ter exatamente o efeito oposto àquele que as pessoas queriam ao fazê-las. Passaram a me atormentar e a me fazer questionar tudo ainda mais.

Cresci em uma família católica, participei da catequese por mais anos do que a maioria das pessoas que conheço. Todos os sábados à tarde, cantava de três a quatro vezes a folha de músicas que a Irmã Engelhardt, freira alemã que vivia em nossa cidade, fazia-nos cantar enquanto limpávamos a igreja e arrancávamos o matinho que crescia entre o cimento do jardim. Fui criada no meio religioso, sendo orientada por essa freira e vendo meus pais praticarem a fé. Mesmo assim, no momento em que o amor da minha vida passou a sofrer tanto, sentia que Deus não estava me ouvindo. Um dia, ao escutar outra médica dizer mais uma vez que não havia mais nada a ser feito pelo pulmão da Alice, respondi que talvez não pela Medicina, mas que confiava em Deus. A resposta veio aguda e sincera:

— Deus é muito ocupado.

Fiquei com aquilo na cabeça, mas ainda não fazia sentido para mim que Ele estivesse tão ocupado a ponto de não olhar para tamanho sofrimento. Escrever isso agora me traz à mente um filme que vimos recentemente: *O Bombardeio*. Esse filme é baseado em um evento real acontecido na Segunda Guerra Mundial. Aviões da Força Aérea Britânica, ao partirem para bombardear a sede da Gestapo em Copenhague, na Dinamarca, acabaram atingindo uma escola e matando acidentalmente 86 crianças, além de adultos que ali trabalhavam. Em uma cena do filme, as crianças estavam em sala de aula acompanhadas pela freira Teresa. Ao conversarem sobre milagres, a madre Teresa diz às crianças que Deus pode tudo. Uma delas, Rigmor, então questiona:

— Sempre? Mesmo quando dorme?

— Deus nunca dorme – responde a madre Teresa.

Ao ser questionada por outro aluno como Deus se mantém acordado, responde a madre Teresa:

— Às vezes, muito raramente, algo pode distraí-lo.

Madre Teresa, então, pede aos alunos que deixem cair no chão seus lápis e depois os peguem de volta. Com essa ação, explica aos alunos como as horas de Deus são diferentes das nossas.

— Viram? Levou três segundos. Três segundos em que estavam distraídos. As horas, minutos e segundos de Deus são diferentes dos nossos. Para Deus, um dia pode ser igual a cem anos, ou, para Deus, um segundo é igual a um ano. Então, se vocês se distraírem por alguns segundos, Ele não está ali.

Mais tarde, jantando com sua família, Rigmor conta:

— Se Deus largar um lápis, Ele irá se distrair. Ele sumirá por dois anos. Acho que se formos muito azarados, Deus poderia estar tirando uma soneca agora, enquanto nós existimos, e isso pode durar uns cem anos. Se for uma soneca longa, será por mais tempo.

Algumas vezes me pergunto se Ele está muito ocupado, se deixou seu lápis cair, se está tirando uma soneca ou, simplesmente, se não está olhando para nós. Sei que há motivos de agradecimento em meio a tudo isso, já que escutamos a todo momento que, com o pulmão que tem, não se explica o fato de Alice estar viva. Ainda assim, vê-la precisar de um aparelho para respirar, sentir dores, ser furada e incomodada a todo tempo, faz-me implorar a Deus que olhe para o sofrimento dela. Ao não receber respostas, a sensação de abandono acaba sendo inevitável.

Há alguns meses recebemos em casa um colega de trabalho do Bernardo e, retomando uma conversa que eles haviam iniciado em um *happy hour* da empresa, começamos a falar sobre nossas crenças. Esse colega nos disse que queria muito que existisse um botão vermelho que, ao ser pressionado, fizesse qualquer pessoa acreditar em Deus. Ele disse que desejava muito ter essa crença e que pressionaria o botão imediatamente. O Bernardo, tendo sido sempre um pouco cético com tudo, afirmou que também pressionaria o botão no mesmo instante, pois, na verdade, ele achava que o que importa mesmo não é se Deus existe ou não, mas se você acredita em sua existência.

Na primeira UTI, vimos um pai sereno ao perder seu filho adolescente. Esse pai nos disse algo como "eu sei que Deus vai cuidar dele melhor do que cuidei e que ele vai estar melhor lá". Essa serenidade só pode mesmo vir de alguém que acredita no fundo da alma que o filho estará no céu, amparado e cuidado pelo Criador. Para o Bernardo, acreditar em Deus tornaria tudo o que vivenciamos um pouco mais leve, e ele faria de tudo para apertar aquele botão vermelho. No meu caso, que sempre tive a crença em Deus como parte de mim, mas tendo passado a questionar tudo, sinto que o botão vermelho está bem à minha frente. Chego a encostar nele, mas basta olhar para a Alice e tudo o que passamos, que me afasto um pouco. Sei que o botão está aqui perto, bem perto. Eu só preciso tocá-lo.

Ainda ando um pouco afastada de tudo. Não converso muito com amigos, e, quando falo com alguém, meu único assunto é a Alice. Tenho agora o hábito de me isolar. Acho que fui perdendo a cada dia a habilidade de socializar e, frequentemente, sinto que não sei bem quem sou. Talvez essa perda de identidade esteja muito ligada a começar a perder a fé. Tendo consciência disso, sempre que consigo, tento recuperar os raios de esperança que cada manhã traz, ainda que grande parte dela acabe indo embora ao fim do dia, depois de ouvir tantos médicos dizendo tantas coisas ruins, há tantos anos.

Refletindo sobre a esperança (ou a falta dela), lembro-me agora de uma cena lindíssima da série *Sandman*. Nessa cena, o personagem principal tem uma épica batalha contra Lúcifer ao tentar recuperar seu elmo no inferno. Durante a batalha, os combatentes dizem o que são e causam efeitos físicos no adversário. Lúcifer inicia a batalha:

— Eu sou um lobo medonho. Caçando presas, letal.

— Sou um caçador. Montado a cavalo, espeto o lobo.

— Eu sou uma serpente. Mordo o cavalo, injeto veneno.

— Eu sou uma ave de rapina. Devoro a cobra, aperto com garras.

— Eu sou uma bactéria carniceira. Devoro a vida.

— Eu sou um mundo. Flutuando no espaço, gerando vida.

— Eu sou uma nova. Explodindo tudo, cremando planetas.

— Eu sou um universo. Englobando tudo, envolvendo a vida.

— Eu sou a antivida. A Besta do Apocalipse. As trevas no final de tudo. O que você será então, Mestre dos Sonhos?

— Eu... Eu...

A esse ponto, Sandman estava quase morto, sentindo em seu corpo o efeito da antivida. Seu fiel companheiro corvo então intercede:

— Chefe? Ei, chefe!

Vendo Sandman quase sem vida, Lúcifer ironiza:

— Ainda conosco, Sonho?

— Sim, e é a vez dele, Vossa Majestade! – disse o corvo.

— O duelo acabou. O que pode sobreviver à antivida?

— Ei, chefe. Escute. Sabe o que sobrevive à antivida? O senhor! Sonhos não morrem! Não se acreditar neles! E acredito que o Sonho dos Perpétuos nunca deixaria seu corvo aqui sozinho no inferno com Lúcifer!

— Eu... sou... a esperança! – respondeu Sandman com dificuldade, deixando Lúcifer incrédulo.

— Esperança.

— E então, Portador da Luz? É a sua vez. O que é que mata a esperança?

— Choronzon, dê a ele seu elmo.

Nesse momento a escuridão se fez luz, o Mestre dos Sonhos recuperou seu elmo, e a batalha entre Lúcifer e Sandman teve fim. Eu, quietinha, chorei. No outro dia, conversando sobre aquela cena, soube que o Bernardo também. Acho que é isso: a esperança não morre nunca. Ainda que tudo esteja ruim e que todas as notícias e prognósticos sejam aterrorizantes. Mesmo vendo acima de nós a onda gigante, ainda que sobre nossas cabeças paire a sombra ameaçadora da nuvem negra, a esperança segue aqui dentro e seguirá, dia a dia, dando-nos forças para seguir em frente, pois seguir em frente é o que podemos fazer.

O MAIOR APRENDIZADO

(por Bernardo, pai da Alice)

MINHA LIMITAÇÃO

Acreditar em símbolos, mitos e histórias é o que nos diferenciou de outras espécies de hominídeos no passado, permitindo que nos organizássemos em grandes grupos e, assim, pudéssemos desafiar espécies maiores que a nossa. Enquanto outras espécies se organizavam em grupos de poucos indivíduos, o *homo sapiens* começou a se organizar em bandos cada vez maiores, chegando a dezenas/centenas de pessoas. Isso só foi possível porque nossa espécie era capaz de criar conceitos abstratos, que não necessariamente faziam parte do mundo material, mas sim de uma crença coletiva. Essa habilidade do ser humano é o que nos permite até hoje viver em uma sociedade (geralmente) civilizada com governos, empresas, leis e religiões.

Eu sempre tive uma limitação: tenho dificuldade em aceitar alguns desses conceitos abstratos. Tenho dificuldade em aceitar histórias e mitos que nos contam desde a infância. Em diferentes idades, questionei o que era o conceito de "país", a autoridade da professora da escola, as proezas do coelho da Páscoa (por algum motivo, Papai Noel fazia, sim, sentido), por que o político seguinte finalmente salvaria o país (essa é mais atual) e o que é Deus, o que é a fé. Sim, vamos entrar um pouco na mente de uma pessoa agnóstica: aquela que não tem uma religião bem definida e admite que não sabe se Deus existe.

Nasci em uma família muito católica, ia regularmente à igreja com a minha mãe, mas, apesar de todo o seu esforço, nunca consegui me achar no catolicismo. Forçar isso tinha o mesmo efeito de tentar ensinar um peixe a voar: ele pode tentar a vida toda, mas o resultado vai ser sempre o mesmo.

Tinha – e continuo tendo – muita dificuldade em aceitar os argumentos tipicamente usados para justificar a fé e a crença em uma religião ou outra. A própria definição de fé é algo muito difícil de aceitar para pessoas que pensam igual a mim; afinal, teorias existem para serem questionadas. É algo que parece ir fundamentalmente contra a direção natural da ciência, na qual a teoria precisa ser testada e deve ser capaz de explicar a realidade com a menor quantidade possível de hipóteses (esse conceito é conhecido como *Navalha de Occam*). Algo similar pode ser aplicado à religião: para responder às perguntas mais fundamentais da vida, será que não temos uma explicação mais simples e que não envolva seres místicos, deuses, reencarnações, milagres etc.?

Pensando como um agnóstico, como reagi a tudo o que aconteceu com a Alice? Duas coisas:

(1) Passei de "não sei se Deus existe" para "se Ele existir, a gente precisa ter uma longa conversa";
(2) Mudei completamente a maneira de encarar a fé, a religião e a existência de Deus.

Para detalhar melhor esse segundo ponto, vou usar como exemplo uma situação que aconteceu ainda no primeiro hospital, em São José dos Campos.

O SILÊNCIO ENSURDECEDOR DA MORTE DE UMA CRIANÇA

Era abril de 2019, estávamos nos primeiros dias de internação da Alice, ainda sem saber a real gravidade do que enfrentávamos. A UTI era um grande recinto com vários leitos, somente com uma cortina separando os pacientes. Naquele dia, além da Alice, havia somente mais duas crianças internadas, e sobravam mais três leitos vazios. Cheguei à tarde para "trocar o plantão" com minha esposa. Antes de ir para o leito da Alice, logo me encaminhei à pia para higienizar as mãos, e essa pia ficava bem em frente às outras duas crianças internadas.

Nesse momento, voltei minha atenção para o leito 3: era um jovem, por volta de 12 anos, que lutava contra um câncer bastante agressivo. Estava sedado, intubado, e o que escutamos nos corredores era que seu estado tinha piorado. Ao entrar, percebi que havia algo diferente no leito: os batimentos do menino estavam caindo lentamente, a respiração estava bastante leve, e a saturação, mais baixa que o normal. Os pais, figuras extremamente simpáticas que conhecemos nos dias anteriores, estavam próximos ao leito. O pai, em pé ao lado da cama, estava vendo algum programa de auditório. A mãe, sentada ao lado do leito mexendo no celular, não percebeu o que estava acontecendo.

Os batimentos cardíacos diminuem ainda mais: 50, 30, 20. Olho para o lado, vejo que os médicos estão se entreolhando com um semblante triste. O monitor finalmente mostra a ausência de batimentos. A respiração continuava leve, porque o ventilador mecânico continuava enviando ar incessantemente, mas a criança já tinha falecido.

Senti uma mão no meu ombro: "Tenho que pedir que o senhor se retire e espere lá fora, ok?". Nesse momento, percebo que estou com as mãos ainda molhadas apertando um papel que deveria servir para secá-las. Toda essa situação deve ter durado dez ou quinze segundos. O pai, ainda sem ter certeza do que tinha acontecido, afastou-se do leito visivelmente transtornado. A mãe ainda estava digitando algo no celular.

A naturalidade com que tinha acontecido a morte de uma criança me marcou. Não houve correria, gritos, apitos, choros, músicas tristes (só vemos mortes de crianças em filmes, certo?). Foi tão rápido que a mãe não viu o que estava acontecendo. Depois de anos lutando junto com o filho contra uma doença horrível e meses de UTI, ele partiu em poucos segundos de uma maneira tão natural e silenciosa, que ela não chegou a acabar de escrever uma mensagem, provavelmente para algum parente ou amigo sobre o estado do filho.

Nesse momento, saí da UTI, ainda confuso com o que tinha acontecido. Depois de algumas horas, encontramos o pai no corredor do hospital, com uma força e uma serenidade que não pareciam condizer com a situação. Ele me disse: "Hoje de manhã eu sussurrei no ouvido dele que ele podia ir em paz, que eu iria cuidar da sua bicicleta. Sabe, ele é doido com essa bicicleta. Vou cuidar dela ainda melhor do que eu já cuidava, assim como eu sei que Deus vai cuidar melhor dele do que eu consegui cuidar". Nesse momento eu entendi o que é fé.

A PERGUNTA ERRADA

Depois de anos, finalmente tive um exemplo prático que busquei a vida toda. Eu estava diante de um pai que tinha acabado de perder um filho e que mostrava uma força que nem em mil anos de "métodos científicos" ou "navalhas de sei lá o quê" eu conseguiria ter. Veja que pouco importa qual a religião da pessoa. Na verdade, pouco importa se a sua religião foi baseada em fatos históricos ou em histórias contadas por um povo em outras épocas. Pouco importa quem existiu e quem não existiu. Pouco importa se o "meu" Deus (de acordo com a minha religião) existe ou não. Na prática, a única coisa que importa, que é real, tangível e mensurável é a crença, a fé. Se eu acredito, a fé me dá forças e respostas para encarar as situações mais difíceis da vida, e aquilo é real para mim. Se, depois da morte, encontrarmos o Deus da Polinésia (como "profetizado" pelo canal de comédia *Porta dos Fundos*) ou se não existir nada, também não importa: você já viveu sua vida com a força e a determinação que só a fé poderia te proporcionar.

As diversas religiões existem para contar versões diferentes sobre a mesma história. A que você aceitar, a que fizer sentido e responder a uma maior quantidade de perguntas, é a correta para você. Questionar se uma religião está certa não faz sentido. Argumentar contra uma religião usando fatos históricos ou científicos, tampouco. No fundo, a fé, que sempre foi uma incógnita para mim (como aceitar uma teoria sem questionar?), agora passa a ser a personagem principal desse enredo. A fé é a parte prática disso tudo, é o que dá forças, é o que responde perguntas mais difíceis. A fé é o fim, e todo o resto (incluindo a própria definição de Deus, o céu e o inferno, anjos, símbolos etc.) é o meio.

Esse foi o cenário no qual surgiu a conversa do botão vermelho: eu e meu amigo Flávio pensamos de maneira muito parecida, e, em um *happy hour* da empresa, nada mais natural do que questionar as coisas mais profundas da natureza humana. Somos agnósticos porque somos limitados, não conseguimos ter fé porque esse conceito vai contra como pensamos, como fomos "fabricados". Se tivéssemos escolha, se existisse um botão vermelho para apertar e mudar as nossas cabeças, certamente apertaríamos esse botão. Se eu tivesse opção, escolheria a força e a serenidade daquele pai.

Hoje, quando alguém me pergunta se Deus existe, eu respondo: "Essa é a pergunta errada."

FECHA PARÊNTESE

capítulo 7.

DEPOIS DE UM AMOR ASSIM

I don't wanna miss a thing
Eu não quero perder nem um detalhe
(Aerosmith)

I could stay awake just to hear you breathing
Eu poderia ficar acordada só
para ouvir você respirando
Watch you smile while you are sleeping
Observar você sorrir enquanto está dormindo
While you're far away and dreaming
Enquanto você está longe e sonhando
I could spend my life in this sweet surrender
Eu poderia passar a minha
vida nesta doce rendição
I could stay lost in this moment forever
Eu poderia ficar perdida neste
momento para sempre
Every moment spent with you
is a moment I treasure
Todo momento passado com você
é um momento que eu valorizo

I don't wanna close my eyes
Eu não quero fechar meus olhos
I don't wanna fall asleep
Eu não quero adormecer
'Cause I'd miss you, baby
Porque eu sentiria a sua falta, meu amor
And I don't wanna miss a thing
E eu não quero perder nem um detalhe
'Cause even when I dream of you
Porque mesmo quando eu sonho com você
The sweetest dream will never do
O sonho mais doce nunca servirá
I'd still miss you, baby
Eu ainda sentiria a sua falta, meu amor
And I don't wanna miss a thing
E eu não quero perder nem um detalhe

[...]

I don't wanna miss one smile
Eu não quero perder um sorriso
And I don't wanna miss one kiss
E eu não quero perder um beijo
And I just wanna be with you
E eu só quero ficar com você
Right here with you, just like this
Bem aqui com você, desse jeitinho
And I just wanna hold you close
E eu só quero abraçar você
And feel your heart so close to mine
E sentir seu coração tão perto do meu
And just stay here in this moment
E só ficar aqui neste momento
For all the rest of time
Por todo o resto do tempo

Faz um tempo eu quis
Fazer uma canção
Pra você viver mais
(Pato Fu)

Compositor de destinos, tambor de todos os ritmos
Tempo tempo tempo tempo, entro num acordo contigo
Tempo tempo tempo tempo
(Caetano Veloso)

Depois de um grande amor, não é possível voltar a ser a mesma pessoa de antes. Eu sei que passei trinta e dois anos da minha vida sem a Alice, mas, depois da chegada dela, meu mundo adquiriu cores, sentimentos e dimensões diferentes e inimagináveis. Sempre ouvi pessoas dizendo que não há nada como o amor de mãe, mas nunca pensei que pudesse sentir dentro de mim um amor tão grande e avassalador assim.

A verdade é que não fui uma menina que sonhava em se casar e ter filhos. Cresci lendo, estudando, escrevendo, jogando buraco com meus pais nas férias em Araxá. Sonhava em viajar pelo mundo e conhecer novas culturas. Conheço meninas que, desde bem pequenas, tinham o sonho de se casarem. Faziam cerimônias de casamento com pano na cabeça, fingiam que suas bonecas eram suas filhas e faziam comidinhas de brinquedo. Eu, não. Eu escrevia meus diários, gostava de colorir, ler e dava aulas aos meus vizinhos. Chamava a minha escolinha de "aulinha". Na aulinha tínhamos uniforme, recreio, e eu ensinava o que sabia. Achava que tinha nascido para ser professora.

Mais tarde, decidi cursar Letras (contrariamente ao que quase todos da família gostariam, já que, por ser estudiosa, achavam que eu deveria escolher um curso mais concorrido e de maior prestígio). Saí de Funilândia (município pequeno e acolhedor do interior de Minas Gerais) e fui para Belo Horizonte estudar em uma universidade maior do que a minha cidade. Conheci pessoas, estudei outras línguas, fiz intercâmbio na Itália, viajei muito, amadureci e sentia que, naquele momento, vivia tudo o que havia sonhado desde menina. Tive (bem tarde, inclusive) meu primeiro amor, sofri, superei, viajei mais um pouco, conheci mais pessoas, terminei a faculdade e, mesmo sendo uma pessoa mais certinha do que precisava ser (às vezes me arrependo disso), sentia que a vida era leve e promissora. *Eu* era leve e esperava o melhor da vida. Quando já fazia mestrado, conheci um amigo de um amigo (meu Bernardo, amigo do meu amigo Bernardo). Eu sempre dizia que não queria me casar, mas tudo ficou muito claro para mim quando o conheci. Depois de um tempo namorando, larguei o doutorado em Belo Horizonte e comecei outro em São Paulo, fiquei noiva, casei-me, e, após quase seis anos juntos, chegou a hora de recebermos nosso maior presente. É impressionante como tudo aquilo que vivi antes passou a ter naquele instante uma dimensão tão pequena perto da chegada da Alice e do amor que inundou meu coração. Tantos momentos importantes que moldaram a minha vida antes dela tornaram-se minúsculos diante de um sentimento que eu antes desconhecia. Forte, potente, visceral.

Os onze meses que passamos em casa com a Alice saudável foram os melhores meses de toda a minha vida. Onze meses tão intensos, velozes, nossos. Hoje a Alice já tem muito mais tempo dentro de um hospital do que teve em casa, mas aquele período gravou em mim memórias tão lindas e fortes que ainda conseguem me tirar sorrisos ao serem lembradas.

Em uma de nossas tantas tardes na UTI, recebi a visita de uma amiga que me contou uma história mais ou menos assim:

Um homem vivia feliz com sua família. Certa vez, precisou viajar para longe e ficou muito tempo sem ver a esposa e os filhos. Durante sua viagem, os filhos faleceram. Ao voltar, a esposa procurou a melhor maneira de contar o que havia acontecido e, com muita sabedoria, disse ao marido:

— Durante a sua ausência, um amigo deixou comigo joias muito preciosas para que eu cuidasse. Eram belíssimas. Eu gostava de cuidar delas e me apeguei muito a elas. Quando ele veio buscá-las, eu não queria devolvê-las e achei que não pudesse viver sem tê-las perto de mim, então disse ao nosso amigo que não poderia devolver as joias. O que você acha disso, querido?

O marido então respondeu que não estava entendendo o que estava acontecendo, pois se a esposa sabia que as joias não eram dela, não poderia ficar com elas, mesmo que as amasse e que elas trouxessem tanta alegria à sua vida. Para encerrar a questão, o marido disse que não se pode ficar com o que não é nosso e que a esposa precisava devolver as joias. A esposa, então, respondeu:

— Você tem razão. Não podemos ficar com o que não é nosso. Na verdade, as joias das quais falei eram nossos filhos. Deus os colocou sob nossos cuidados todos esses anos, e, durante a sua ausência, Ele veio buscá-los.

Chorei muito ao ouvir essa história contada pela minha amiga e entendi, no fundo do coração, o significado dela. Alice é minha joia preciosa. É a alegria dos meus dias, minha motivação, minha luz. Como devolver algo tão precioso e amado?

Depois de um amor assim, você não desiste facilmente. Não sem lutar, sem esgotar todas as possibilidades, sem implorar a Deus, mudar de cidade, de médico e de hospital quantas vezes forem necessárias. Essa luta, para muitas pessoas, pode parecer excessiva, e dói no fundo da alma perceber julgamentos (por vezes encobertos) durante a batalha. Em fases em que a Alice estava em estado gravíssimo, percebemos diversas vezes que queriam que desistíssemos. Algumas vezes de maneira explícita; outras, de maneira velada. Já senti olhares que, inclusive, demonstravam reprovação. Tais olhares me machucavam, faziam com que eu questionasse nossas ações e me sentisse ainda pior do que já me sentia. Certa vez, conversando com a médica dos cuidados paliativos, afirmei que ousava dizer que aquelas pessoas que me condenavam (disfarçadamente) por lutar fariam a mesma coisa se fosse o filho delas. Ouvindo isso, a médica me respondeu que nem todas, pois algumas tinham convicções muito fortes em relação a isso. Minha resposta veio rápida, sofrida, cortante:

— Doutora, as nossas convicções só são fortes quando não acontece com a gente.

É isso. Você pode teorizar o quanto quiser sobre o que faria, mas só sabe mesmo quando acontece. É como diz a canção: "O caminho só existe quando você passa". Sem ter passado pelo meu caminho, com as minhas pedras, não é possível minimamente saber o que se passa aqui dentro e quais são as motivações para cada decisão.

As minhas decisões são baseadas no meu caminho, e, portanto, não acho justos os olhares que muitas vezes recebi. Certa vez, ouvi de um médico que, a cada respiração, Alice tinha a sensação de estar se afogando e que a família não queria dar conforto a ela. O conforto de que falava aquele médico era manter Alice completamente sedada, apagada, paralisada (já estávamos no sétimo mês de internação àquela altura). Grande parte do desconforto dela, naquela época, era justamente por sofrer com a abstinência dos remédios sedativos. Mesmo assim, ela abria os olhinhos, ficava agitada pela falta do remédio, e então os médicos pediam que a sedassem novamente, num ciclo infinito.

Li recentemente que o grande desafio dos cuidados paliativos é oferecer conforto a quem tem uma doença ameaçadora da vida sem, no entanto, sedar excessivamente o paciente. Raríssimas foram as vezes em que de fato houve preocupação com isso. Sempre me incomodou muito que a primeira escolha em praticamente todos os momentos fosse a sedação.

Algumas vezes, Alice precisava de um banho relaxante ou de um pouco do meu colo, quietinha, sem que mexessem nela. Muitas vezes, inclusive, ela só precisava que não entrassem no quarto a cada cinco minutos para incomodá-la. Mesmo assim, a primeira escolha de muitos médicos era medicamentosa, e, nos diversos momentos em que a sedação se mostrava desnecessária e excessiva, fui enfaticamente contra. Tivemos um longo caminho nesse aspecto, e nem sempre foi fácil. Muitos médicos, ditos humanizados, preferiam pedir uma sedação a entrar no quarto para ajudar de alguma forma. Muitos deles nem sequer sabiam que algumas vezes o desconforto da Alice durava exatos cinco minutos, período em que ela ficava brava com alguma troca de curativo ou com o fato de precisarem ver sua temperatura ou aferir sua pressão. Passados aqueles minutos de insatisfação, ela voltava a ficar tranquila. Mesmo assim, queriam sedar. Olhavam-me feio. Incomodavam-se. Com o tempo, passei a desconsiderar aqueles olhares, tentando manter em mente que ninguém nesse mundo inteiro quer mais do que eu evitar o sofrimento da minha filha, e, além disso, ninguém nesse universo conhece mais a Alice que eu. Comecei a reivindicar novamente minha maternidade, tentando não sofrer a cada julgamento velado de alguns médicos teoricamente humanizados, mas sem prática alguma alinhada à teoria.

Nas fases mais graves da Alice, justamente por saber que muitos gostariam que desistíssemos, eu ativava um modo radical: tentava não deixar ninguém me ver chorar e, quando entravam no quarto com cara de luto, ficava firme, dizia que ela estava melhorando e que ia ficar tudo bem. Não me permitia baixar a guarda para que não achassem que, enfim, a opinião deles estava fazendo algum eco no meu coração. Aquela opinião, quando vinda de pessoas que claramente não se importavam genuinamente com a Alice e conosco, só suscitava em mim um profundo desprezo. Quando ninguém estava olhando ou quando estava em ambiente protegido, falando com o Bernardo, minha mãe, a Rosana, a Dra. Lucília, as fisioterapeutas da Alice ou algumas outras poucas pessoas, aí, sim, mostrava toda a minha vulnerabilidade. Algumas vezes colocava essa fragilidade no papel, que acolhia os meus sentimentos a qualquer hora, sem julgamento algum.

Enquanto isso

Enquanto o monitor apita, eu beijo suas bochechas rosadas. Cheiro o seu cabelo delicado, tento segurar as suas mãozinhas espertas e encostar minha testa na sua. Enquanto todos me olham como louca por ter esperança, aperto você em meu peito, com todo cuidado, sabendo ter em meus braços a joia mais preciosa do meu mundo. Enquanto minhas lágrimas silenciosas caem e a cabeça dói barulhenta, sorrio e espero que você me dê mais um sorriso. Espero que meu colo te acalente, que meu amor diminua um pouco a sua dor. Enquanto te furam e colocam fios, dão remédios e te incomodam, passo a mão no seu cabelo cheiroso e te digo que estou aqui. Vou estar sempre aqui. Enquanto pedem que eu diga *tchau*, eu digo *oi*. *Oi, meu pacotinho de encrenca! Florzinha preferida! Amor da vida da mamãe!* Coloco uma música para nós duas, vejo o pôr do sol entre os prédios da frente, imagino nossa vida juntas. Enquanto há luta, lutamos. Enquanto há você, eu sonho. Pode ser que um dia tudo acabe. Enquanto isso, vivemos.

capítulo 8.
A CURA

"Lembre-se do que você costumava me dizer quando eu era pequena. 'Leveza, menina, leveza. Você precisa aprender a fazer as coisas com leveza. Pense com leveza, aja com leveza, sinta com leveza. Sim, sinta com leveza, mesmo que você esteja sentindo profundamente. Deixe as coisas acontecerem com leveza e com leveza lide com elas.' Eu era tão absurdamente séria naquele tempo, uma chatinha arrogante. Leveza, leveza: era o melhor conselho que poderiam me dar. [...] Leveza, minha querida, leveza. Mesmo quando é a hora de morrer. Nada pesado, pretensioso, enfático. Sem retórica, sem tremores, [...]. E, é claro, sem teologia ou metafísica. [...] Livre-se de toda a bagagem e siga. Há areia movediça sob você, sugando seus pés, tentando sugá-la para dentro do medo e da autopiedade e do desespero. É por isso que você precisa caminhar com leveza. Leveza, minha querida. Na ponta dos pés; e sem bagagem, nem sequer uma nécessaire. Completamente desobrigada."[12]

---

[12] HUXLEY, Aldous. *A ilha*. Tradução de Bruno Gambarotto. 3 ed. São Paulo: Biblioteca Azul, 2017. 3ª. reimpressão, 2021. 400 p. p. 360 - 361.

> *Hey, Jude, don't make it bad*
> *Take a sad song and make it better*
> *Remember to let her into your heart*
> *Then you can start to make it better*
> (The Beatles)[13]

> *Love dares you to change our way of caring about ourselves*
> *This is our last dance*
> *This is our last dance*
> *This is ourselves*
> (Queen)[14]

    Eu daria qualquer coisa no mundo para que este capítulo fosse aquele em que escrevo sobre a cura da Alice. Infelizmente, este capítulo não é sobre isso. Daria o que fosse para contar alegremente que seu pulmão está curado e que vive-

---

[13] Ei, Jude, não torne isso ruim
Pegue uma música triste e a torne melhor
Lembre-se de deixá-la entrar no seu coração
Então você pode começar a torná-la melhor
(The Beatles)

[14] O amor desafia você a mudar o nosso jeito de cuidar de nós mesmos
Esta é a nossa última dança
Esta é a nossa última dança
Isto somos nós mesmos
(Queen)

mos felizes para sempre. Começo, ao contrário, dizendo que seu bravo pulmão continua piorando, não importam os tratamentos, os remédios, as terapias. Mais médicos discutiram o caso e mais médicos afirmaram que o pulmão que ela tem não é o pulmão de uma pessoa que deveria estar viva.

A cura, no sentido mais literal da palavra, não chegou para a Alice. Escutamos desde o início que a bronquiolite obliterante é incurável, mas é claro que, durante muito tempo, sonhávamos com um milagre e, de fato, acreditávamos que ele chegaria.

Hoje, quatro anos após o início da doença, consciente de que a cura não chegou, algumas vezes me pego refletindo sobre o milagre. Nos dias em que tudo dói e a alma perde mais alguns pedaços, esbravejo, sinto mágoa da vida, não vejo nada. Depois, mais calma, vejo o milagre escancarado: até o momento em que escrevo, ganhei quatro anos a mais ao lado do amor da minha vida. Em todo esse tempo, embora tenhamos dores inapagáveis e Alice não possa viver a infância deliciosa que viveu em seus 11 primeiros meses de vida, ganhamos tempo juntas. Ela é um milagre inquestionável, ainda que seu pulmão continue piorando e que outros órgãos sintam o peso de precisarem funcionar sem todo o oxigênio necessário.

Quando enxergo com os olhos do coração, percebo que a cura, no nosso caso, precisa ir muito além da cura do corpo. Precisa ser aquela da nossa alma. Poderíamos olhar para a impossibilidade da cura do corpo da Alice de várias formas, mas decidimos, a duras penas, encarar essa impossibilidade de peito aberto, tentando achar, a cada manhã, um motivo para ver pequenas curas diárias e pequenos milagres em nosso caminho.

Escolho como primeiro milagre o sorriso. Depois que a Alice adoeceu, o sorriso tornou-se algo extremamente raro em nossa casa. Não somente o sorriso dela (que, quando acontece, é mais comemorado que gol de Copa do Mundo), mas o de toda a família. Muitas vezes já me senti culpada por dar um sorriso e, hoje, celebro como um milagre quando algo me tira do rosto a face preocupada e séria. Percebo que, ao ouvir um sorriso meu e do Bernardo, nossas mães se iluminam, assim como eu me ilumino quando a Alice sorri. A cada sorriso nosso, vejo uma cura. A cada sorriso da Alice, vejo um milagre.

Vejo também como cura o fato de, anos após o início da doença da Alice, termos começado, ainda que lentamente, a nos cuidar novamente. Passamos muito tempo sem olhar minimamente para nós mesmos, como se zelar pela nossa saúde física e mental pudesse fazer com que nos preocupássemos menos com ela ou que merecêssemos menos o milagre da sua cura. Passamos quase três anos sem ir ao médico, sem fazer exames, sem fazer atividade física alguma. Nesse tempo, engordamos sem perceber, envelhecemos sem perceber, adoecemos sem perceber.

Um dia, abrimos os olhos: precisávamos ter saúde para cuidar da Alice. Aquela velha história de colocar a máscara primeiro em você, na prática, é bem mais difícil do que parece. Algumas vezes, inclusive, parece impossível. Lembro-me de ter sentido as palavras da Dra. Ana Claudia Quintana Arantes, em *A morte é um dia que vale a pena viver*, como um tapa na cara, daqueles de novela:

> Se essa pessoa deseja dar conta e isso significa ultrapassar os próprios limites, então terá que construir nesse percurso "paradas" para abastecer, tomar um refrigerante, um chá, um café, encher o tanque, fazer xixi, tomar um banho, encontrar um amigo, alguém que entenda, que acolha, para poder continuar seu caminho em direção ao outro. Sendo que esse outro irá buscar nela mais do que ela poderá dar. Então, tudo bem passar do limite. Às vezes não temos escolha. Às vezes, é a pessoa que amamos que está morrendo, e passaremos do nosso limite. Só que, para dar conta de estar presente, teremos que atentar primeiro para nós mesmos. O ato de cuidar de alguém que está morrendo sem a responsabilidade do autocuidado é, a meu ver, uma expressão clara e absoluta de hipocrisia. Total hipocrisia. Quem cuida do outro e não cuida de si acaba cheio de lixo. Lixo de maus cuidados físicos, emocionais e espirituais. E lixos não servem para cuidar bem de ninguém. Simples assim. Muitas vezes ouço relatos como este: "Eu cuido da minha mãe, eu cuido do meu pai, eu cuido da minha irmã, eu cuido do meu marido, eu cuido dos meus filhos. Não tenho tempo para me cuidar." E aí eu digo: "Não conte isso para ninguém, então! É um vexame. Para mim, é como evacuar

nas calças. Você não chega contando: 'Eu fiz cocô na calça!' É um mico. Uma irresponsabilidade. E quando você afirma que a vida do outro vale mais do que a sua, está mentindo: a vida do outro vale para você se valorizar. Para você dizer: 'Olha só como eu sou legal! Me mato para cuidar da vida dos outros!'"[15]

Confesso que, ao ler essa página do livro pela primeira vez (sim, eu li esse trecho repetidas vezes), senti-me de certa forma ofendida. Para mim parecia impossível cuidar de mim em meio a tudo o que estava acontecendo com a Alice e com a nossa família. Achava que, se deixasse a Alice sem mim por alguns momentos, eu poderia perdê-la e não iria me perdoar nunca por isso. Com esse pensamento, tornei-me hipervigilante, nervosa, exigente, sedentária e displicente em relação a qualquer aspecto da minha saúde. Meu único momento de autocuidado era tomar um banho quente ao fim do dia tomando uma Coca Zero. Eu havia me acostumado ao descaso comigo mesma. Sentia que não era boa para mais nada que não fosse cuidar da Alice (naquilo, sim, eu sabia que era boa).

Ainda que ofendida, aquele trecho do livro martelou em minha cabeça dias e dias. Marquei uma consulta ginecológica, que talvez tenha sido para mim um divisor de águas. Durante nossa primeira longa internação após o adoecimento da Alice, fiquei dez meses sem menstruar. Achei que fosse estresse (eu e o Bernardo costumamos brincar que podemos chegar com uma fratura exposta ao hospital, e, ao saberem da nossa história, vão dizer que é estresse). Quando fui me consultar, anos depois daqueles 506 dias de UTI, a ginecologista me perguntou se eu fazia uso de Nuvaring, um pequeno anel contraceptivo usado durante três semanas e depois descartado. Respondi que não, mas, antes que eu terminasse o que estava dizendo, ela retirou o anel. Naquele momento, não pude evitar a crise de choro dentro do consultório daquela médica que eu tinha acabado de conhecer. Em meio às lágrimas, lembrei-me de que havia colocado o Nuvaring poucos dias antes do adoecimento da Alice. Deveria tê-lo retirado após três semanas, mas lá estava eu, com um anel contraceptivo

---

[15] ARANTES, *op. cit.*, p. 51-52.

há mais de dois anos, sem fazer a mínima ideia de que aquilo estava dentro de mim. Chorei bastante, ali mesmo, sentindo profunda vergonha por ter não somente esquecido aquele anel, mas por ter esquecido completamente de mim daquela forma. Não era só o anel. Era tudo.

Depois daquela consulta, tirei o pijama, voltei a usar sutiã, marquei dentista, fiz um *check-up*, contratei uma *personal trainer* para voltar a me exercitar na sala de casa, fiz cabelo e unha, tomei um café na padaria em frente ao prédio em que morávamos (depois de meses recusando os convites de uma amiga), voltei a trabalhar (remotamente, mas voltei), ouvi música e, ainda que timidamente, recomecei a escrever. Decidi que o banho quente tomando Coca Zero não seria mais meu único momento de autocuidado (inclusive, algum tempo depois, precisei diminuir drasticamente meu vício em Coca Zero devido a uma gastrite terrível). Entendi que eu ainda existia, e aquele momento foi crucial para que conseguisse retomar a força de que precisava todos os dias.

Coragem para encarar a vida. Autocuidado. Sentimento de existência e de estar onde devo estar. Passei a mentalizar todos os dias que, a cada respiro que eu der, preciso honrar a luta da minha filha. Percebi, lentamente, que só posso fazer isso honrando também a minha. Honrando a vida, quem eu sou e o que ainda espero ser. Para me lembrar sempre disso e me ajudar a ter esperança, tomei coragem e fiz minha primeira tatuagem. Nela, açucenas, galhos e folhagens se misturam e formam um pulmão. Dizem que as açucenas são conhecidas por suas propriedades medicinais de cura e, por isso, são conhecidas como flores de esperança. Depois de tatuar, li que elas também podem simbolizar a angústia e a tristeza causadas pela perda de uma pessoa amada. Fico com o primeiro significado e com a esperança. Fico com o que tenho mentalizado a cada dia: a força da Alice vai sempre me ajudar a ver beleza na vida.

Tatuagem

Nunca pensei em tatuagens. Cresci vendo pessoas próximas olhando para elas com olhos curiosos (mais desconfiados que curiosos, para ser sincera). Há algum tempo, entretanto, comecei a sentir vontade de desenhar na pele o que já está marcado em minha alma há anos. Como pessoa ansiosa e com alta necessidade de organização que sou, planejei tudo: um pulmão bem formadinho, simétrico, florido, delicado. Olhei o mapa da dor. Antebraço está em amarelo. Dói menos. "Vamos de antebraço então". Cheguei ao estúdio da tatuadora sabendo exatamente o que queria. (Parêntese para um detalhe que vai chocar um total de "zero pessoas": o Bernardo foi também, mas não fazia a menor ideia do que queria. Sabia somente que teria a ver com pulmão e mais nada.) A tatuagem saiu completamente diferente do que eu havia pensado inicialmente: não é um pulmão bem formadinho, não é simétrica, não é no antebraço (inclusive, doeu bastante, e, aparentemente, o lugar que escolhi não está em amarelo no mapa da dor). Será que foi uma má escolha? Na hora da dor começou a parecer que sim. Depois, agradeci até por isso. Há quatro anos vivo sem poder fazer más escolhas (como aquela em que a Bruna jovem, do nada, decidiu fazer um *piercing* no nariz nas Ramblas, em Barcelona. Desmaiei no meio da rua e acordei com meu irmão do meu lado, devidamente "p" da vida com a situação). Há quatro anos, cada decisão tomada é milimetricamente pensada e pode significar a vida ou a morte da minha filha. Ontem, na tatuagem, até mesmo a possibilidade de fazer uma má escolha me pareceu libertadora. No fim, não foi absolutamente uma ideia ruim: amei a tatuagem, suportei a dor e senti orgulho de mim. Olho para o desenho na pele a cada cinco minutos e vejo delicadeza e força, exatamente como eu queria. Ainda não me reconheço tendo uma tatuagem, mas não me reconheço em tantos outros aspectos, que talvez eu seja hoje outra Bruna de verdade. Uso óculos quebrados para ver a vida, mas as lentes estão cada dia mais nítidas, mostrando verdades que nem em mil anos eu teria visto se ainda usasse meus óculos antigos.

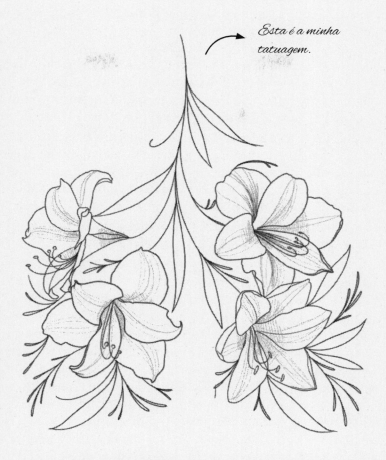

Esta é a minha tatuagem.

Meu movimento inicial em direção ao autocuidado aconteceu um pouco antes do movimento do Bernardo. Passamos por um período em que íamos em direções claramente opostas: eu buscando sair um pouco do fundo do poço (onde ainda me encontrava), e ele cavando ferozmente, tentando ver se era possível que o poço fosse ainda mais fundo. Doía muito que ele não se preocupasse com a saúde, e, muitas vezes, tivemos longas discussões por isso. Percebo hoje que, nos momentos de grande sofrimento, cada um tem uma forma de fugir da dor. Naquele

Aos seus pulmões 113

momento, a forma dele era a de, quase conscientemente, abandonar-se. Esquecia-se frequentemente de tomar os remédios dos quais fazia uso, não se preocupava mais com o peso, bebia mais do que deveria e passava os momentos de folga jogando videogame, quase como se quisesse entrar dentro do jogo e fugir da realidade em que nos encontrávamos. A verdade é que todos nós queríamos fugir, mas nossa única opção era seguir em frente, firmes, porque não existe fuga para um sofrimento desses.

Certo dia, talvez numa crise de ansiedade, desandei a chorar por fixar na cabeça que eu perderia meus dois amores. O pulmão da Alice cada vez pior, e o Bernardo deixando sua saúde de lado cada vez mais. Conversando com minha mãe sobre aquele medo e sobre não conseguir pensar no futuro, escutei:

— Filha, mas você também tem a mim e seu pai. (Pausa e um olhar reflexivo.) Se bem que eu e ele já estamos velhos.

É. Aquilo não ajudou. Meus pais são minha âncora. Minha referência no mundo, minha fonte de coragem, meu alicerce. Fiquei ainda mais neurótica. Entrei numa de querer obrigar o Bernardo a se cuidar. Marcava consultas médicas às quais ele não ia e tentava forçar que ele fizesse qualquer atividade física que fosse. Demorei bastante para perceber que aquele movimento precisava partir dele e que cada um tem o seu tempo e o seu processo. Uma manhã, depois de uma noite do Bernardo dormindo com a Alice no hospital, uma fisioterapeuta me disse, preocupada, que ele estava fazendo longas apneias. Marquei uma polissonografia (à qual milagrosamente ele foi), e o resultado foi desanimador. Ouvir que seria necessário dormir fazendo uso de um CPAP (aquele aparelho de pressão positiva nas vias aéreas) foi, para ele, o divisor de águas, assim como o Nuvaring havia sido o meu. Depois daquilo ele começou, ainda que lentamente e de forma não linear, a demonstrar que queria se cuidar.

Eu pensava sempre que tínhamos menos de 40 anos (os novos 30, né?) e que não poderíamos nos abandonar daquela forma (refletindo bem, não devemos nos abandonar nunca). Quando o Bernardo começou a pensar na saúde novamente, senti um pouco mais de confiança no futuro e vi uma nova cura. No nosso caso, considerar um futuro já é um milagre.

Ao começarmos a olhar individualmente para cada um de nós, começamos também a tentar olhar para nós dois como casal. Além de pais de uma criança que é um milagre, somos também duas pessoas que se amam. Por motivos óbvios, acabamos nos esquecendo disso também por um tempo. Quando, depois de anos, saímos para jantar fora juntos (minha mãe e duas fisioterapeutas queridas ficaram com a Alice em casa), toda a equipe que cuidava da nossa filha vibrou de uma maneira bonita de se ver. Acho que eu nem sabia mais usar um salto alto, mas usei. Naquela noite, o Bernardo me disse firmemente: "A gente ainda vai ser feliz de novo". Nós sofremos muito bem juntos. Ouvir dele que acharemos, também juntos, o caminho para a felicidade novamente, foi algo que me motivou a tentar me levantar. Desde então, penso nessa frase todos os dias e, ao mesmo tempo que espero o retorno da nossa felicidade, aprendi que a cura, para nós, pode ser tentar achar pequenos momentos de alegria ao longo do dia, ainda que a tal felicidade (se é que ela existe de verdade) possa demorar.

Cama arrumada

> Não se encontram mais em casa. Não tem café da manhã e almoço em família, não tem Netflix juntos, não tem cafuné na hora de dormir. O encontro, no hospital, na hora de trocar o plantão, é sempre rápido, cansado, nervoso. Mesmo assim, ao chegar em casa, a cama está arrumada. Ele arruma a cama para ela antes de ir ao hospital, ela arruma a cama para ele dormir quando voltar. Dia a dia, desse jeitinho quieto e sofrido, vão dizendo "eu te amo" em silêncio.

Uma pequena felicidade, para mim, sempre foi ver o pôr do sol, meu momento preferido do dia. Passei a aguardar, mesmo dentro de um quarto de UTI, a hora dele. Há muitos anos, durante meu intercâmbio na Itália na época da faculdade, eu aguardava o pôr do sol em algum lugar bonito e abria uma cerveja. Hoje aguardo o pôr do sol em um quarto de UTI no meio dos prédios de São Paulo, mas algumas vezes ele ainda me encanta. Preparo um chá (nunca achei que me tornaria uma pessoa que gosta de chá) e olho para o céu. Por alguns minutos, sinto paz (a menos que os monitores resolvam apitar ferozmente competindo pela minha atenção, o que acontece com frequência).

Para o Bernardo, a música tende a ser um alívio para a bagunça dos sentimentos. Na verdade, acho que para nós dois, mas ainda mais para ele. O Bernardo é daqueles geniozinhos malucos que aprendem as coisas sozinhos (e isso me faz admirá-lo um tanto que ele nem sabe). Toca um pouco de tudo: violão, baixo, guitarra, piano, bateria. Eu sempre tentei tocar alguma coisa, com ajuda, com esforço e sem muito sucesso. Já ele, de maneira natural, senta e toca. Fico feliz que, naqueles momentos em que está ali, tocando, imerso nas notas musicais, ele encontre um pouco de paz.

The elephant in the room[16] (ou a bateria na sala)

O mundo (o nosso, pelo menos) está caindo lá fora, mas meu marido colocou uma bateria na sala do apartamento. "Como ele pode pensar em tocar bateria num momento desses? O que ele tem na cabeça?". Um dia depois, passei desconfiada pela sala. Olhei meio de canto para aquele trambolho e para as baquetas jogadas no chão. Cheguei um pouco mais perto, quase com vergonha. Sentei-me, peguei as baquetas e por alguns minutos lembrei-me das aulas de bateria de dez anos atrás, de ter tocado AC/DC na festa de casamento, descalça, vestida de noiva, feliz e embriagada. Por alguns minutos, no meio de tantas boas lembranças, esqueci-me de tudo. Por alguns minutos, a bateria na sala me transportou para um tempo em que o futuro estava à minha frente, e ele parecia bom. Naqueles minutos, sorri, tive vontade de tocar de novo e percebi que, sem querer, aquela bateria na sala poderia ser um pouco de silêncio em meio ao caos.

---

16 O elefante na sala.

Recentemente acredito ter encontrado mais uma pequena cura. Uma fisioterapeuta que cuida da Alice me convidou para, ao sair do hospital à noite quando o Bernardo (ou alguma das vovós) chegasse para dormir com a Alice, ir com ela à aula de *bike indoor* em uma academia perto do hospital. Eu, sedentária há um tempo, relutei um pouco, mas fui. Como me fez bem ter ido! Além de endorfina, as aulas me trouxeram disposição, superação e a lembrança de que eu ainda existo. Em uma das aulas, inclusive, eu chorei (tornando-me, talvez, a primeira pessoa a chorar copiosamente em uma aula de *bike indoor*). Nessa aula específica, durante uma música menos intensa, o professor apagou as luzes da sala e pediu que cada um fechasse os olhos, pensasse em seu maior desejo e imaginasse aquele sonho materializado. Pensando no meu maior sonho, as lágrimas caíram (o que deixaria a última psicóloga que me atendeu muito feliz, pois ela achava que eu estava anestesiada sentimentalmente e, por isso, não conseguia mais chorar). Entre pedaladas e soluços, ponderei que nem todo sonho é possível. Nem todo sonho vai se realizar. Provavelmente o maior sonho da minha vida nunca irá acontecer. Exatamente por isso, refleti também que preciso de pequenos sonhos, do contrário fica muito difícil levantar a cabeça e chegar ao fim do dia. Preciso sonhar que hoje Alice passará um dia sem desconforto. Que ela vai precisar de menos oxigênio suplementar e não sentirá falta de ar. Que ela vai dar um sorriso. Que todos nós daremos um sorriso. Tudo isso é milagre. Tudo isso é cura.

Como andar de bicicleta

Não dirijo há quatro anos. Não sei mais como ligar o carro e nem mesmo onde é o freio. Ao dizer que acho que nunca mais vou dirigir, ouvi que guiar um carro é como andar de bicicleta. Existe mesmo essa máxima: uma vez aprendido, não se esquece mais. Acabamos estendendo essa máxima a qualquer coisa que não fazemos há muito tempo e gostaríamos de fazer novamente (sempre com receio de não conseguirmos mais). "É como andar de bicicleta". Assim como já fui uma boa motorista, já fui uma mulher sonhadora. Seria sonhar também como andar de bicicleta? E ser feliz?

Uma vez, o Bernardo, num dos poucos dias em que expressa a dor que sente, disse que, já que não podia ajudar a nossa filha, gostaria de ajudar outras pessoas. Primeiro precisei dizer que ele ajuda, sim, a nossa filha. A cada carinho, a cada beijinho, a cada vez que precisa se impor para que ela tenha o melhor cuidado possível, ele está ajudando Alice. Entendi depois que o que ele queria dizer, na verdade, é que, no final disso tudo, se tivermos ajudado alguém de alguma forma, todo o sofrimento da Alice não terá sido em vão. Será o legado dela, ainda que, no fundo do meu coração, eu escolhesse que não houvesse nenhum legado e que ela não sofresse. Sendo isso, hoje, impossível, entendo e admiro a necessidade que o Bernardo tem de fazer algo por outras pessoas.

Começou fazendo algo por mim, em um momento em que a Alice estava em internação domiciliar recebendo os cuidados de um *home care* (terrível como todos os outros, diga-se de passagem). Eu, que tenho uma alta necessidade de organização, elevei essa necessidade ao extremo para conseguir gerenciar todos os aspectos do cuidado da Alice e, para dar conta disso, acabei me sobrecarregando de uma forma insustentável. Brigava com o *home care* por todos os problemas e negligências e, ao mesmo tempo, desdobrava-me em mil para garantir que tudo funcionasse da melhor maneira e que Alice recebesse o melhor cuidado possível. Montei em casa um esquema que provavelmente muitos hospitais não têm. Todo esse cuidado era importante para Alice, mas eu estava perdendo a cabeça, o sono e qualquer possibilidade de minutos de paz. Gerenciava todas as terapias diárias (só a fisioterapia, por exemplo, acontecia de duas a três vezes ao dia, fora a terapia ocupacional e a fonoterapia), as diversas consultas médicas, os exames, os materiais, os medicamentos, a escala da equipe de enfermagem, tudo. Pode parecer algo banal, mas para uma criança com uma doença tão grave como a da Alice e com um cuidado de tamanha complexidade, esse gerenciamento é fundamental e tão complexo quanto os cuidados exigidos. Passei a exigir cada vez mais de mim mesma, a chorar com frequência e sentir que estava a ponto de explodir (e talvez estivesse mesmo).

Vendo meu estado, o Bernardo montou em um fim de semana um aplicativo que pudesse me ajudar no gerenciamento de toda essa estrutura. Nele tínhamos a agenda com as terapias de cada dia (assim todos os profissionais da equipe tinham acesso à agenda e não precisavam me mandar mensagens o dia todo), as evoluções de todos os profissionais com as condutas de cada terapia e cada consulta médica (dessa forma eu não precisava mais passar a todos os profissionais como tinham sido as terapias e consultas anteriores), os resultados de exames, os sinais vitais e até mesmo fotos das terapias e de outros momentos do dia da Alice. Ouso dizer que aquele aplicativo me salvou de um colapso nervoso.

Pensando nos motivos pelos quais não existia algo assim antes, chegamos à conclusão de que famílias como a nossa são invisíveis. Nós mesmos, antes que a Alice adoecesse, não fazíamos a menor ideia de que existiam famílias vivendo assim, nesse modo que sempre chamo de "modo sobrevivente". Vendo o bem que aquele aplicativo estava fazendo à nossa família, o Bernardo se juntou a alguns amigos e decidiu então trabalhar para disponibilizá-lo a outras famílias que, assim como a nossa, têm uma rotina médica complexa e difícil de gerenciar. Enquanto escrevo, o aplicativo ainda está em fase de desenvolvimento, mas estamos certos de que, no futuro, ele poderá ser uma ferramenta de auxílio a muitas famílias e profissionais de saúde, ajudando-nos também a ressignificar a nossa dor. Esse legado será outra cura em nossa vida, e certamente a Alice terá muito orgulho disso.

Dia após dia, vou seguir à procura de pequenas curas, pequenos milagres, pequenos momentos de paz. Ao contrário do que disse Guimarães Rosa, no meu caso, a felicidade não será encontrada em horinhas de descuido. Precisarei, por um tempo, procurá-la e cortejá-la, até que, um dia, eu possa de fato tê-la novamente como parte integrante de mim.

capítulo 9.
AOS SEUS PULMÕES

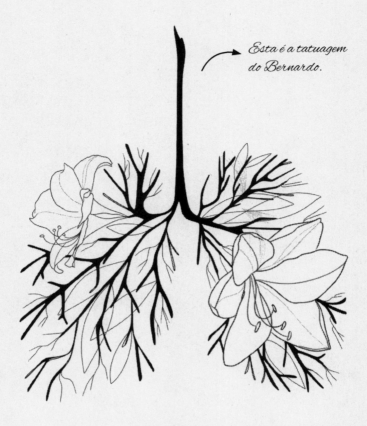

"Porque não posso mais ignorar a morte,
presto mais atenção à vida."

(Treya Wilber)

Todos os dias quando acordo
Não tenho mais
O tempo que passou
Mas tenho muito tempo
(Legião Urbana)

Se anche ti restasse solo un attimo
Ricordati di vivere
Se nelle tasche avessi solo polvere
Ricordati di vivere
Se dentro al cuore avessi solo un battito
Ricordati di vivere, oh
Ricordati di vivere
(Jovanotti)[17]

Comecei a escrever para despejar na folha em branco toda a dor, todo o medo e toda a frustração do meu coração após a chegada em nossas vidas de uma doença tão grave, que ameaça a cada minuto a vida da pessoa que mais amo nesse

---

[17] Ainda que restasse a você só um instante
Lembre-se de viver
Se nos bolsos você tivesse só poeira
Lembre-se de viver
Se dentro do coração você tivesse só uma batida
Lembre-se de viver, oh
Lembre-se de viver
(Jovanotti)

mundo. Cada palavra colocada aqui foi escrita com um pedaço da minha alma. Daria tudo ao meu alcance para escrever um final feliz, mas ainda estamos navegando por águas desconhecidas, sem saber ao certo qual será o nosso porto.

Sinto, dia após dia, que me preparar para despedir-me da Alice é me preparar para despedir-me de mim mesma, e, sem saber o que fazer para conseguir lidar com isso, a escrita tem sido meu farol. A falta de ar nos pulmões da minha filha tirou também o ar dos meus. A escrita, dor após dor, trouxe de volta um pouco desse ar. Compartilhar meus sentimentos acabou me reaproximando de pessoas queridas das quais fui me afastando à medida que me afastava também de quem eu era. Esse percurso, por vezes árduo, de tentar olhar para mim, quando todo o meu ser está voltado à Alice, trouxe-me reflexões sem as quais eu não sei onde estaria agora.

Aos pulmões da Alice, eu gostaria de dizer *obrigada*. Obrigada por terem permitido que ela tivesse onze meses lindos, cheios de alegria, sabores, choros fortes, brincadeiras e muito amor. Obrigada por terem permitido que ela experimentasse tantas coisas boas, mesmo que por pouco tempo. Obrigada por estarem lutando bravamente contra uma doença terrível e incurável e, durante essa luta, terem tocado a vida de tantas pessoas. Obrigada por estarem resistindo, dando a ela e a toda a família um sopro de vida. Não é uma vida fácil, mas é a nossa. É a nossa luta. Ouvi certa vez que Deus havia nos dado uma tarefa impossível e que estávamos fazendo o nosso melhor. Os pulmões da Alice também fazem, há anos, o melhor que podem, e, por isso, serei eternamente grata.

Aos meus pulmões, gostaria de dizer que aguentem firme. Que eu possa respirar fundo e perceber as pequenas curas diárias que nos chegam, mesmo por meio do sofrimento. Que eu consiga olhar o amanhecer e o pôr do sol como milagres que nos dão a chance de, todos os dias, tentarmos ser melhores. Que todo o meu ser se encha de alegria a cada espreguiçada longa da Alice e a cada vez que ela coça o narizinho da forma mais linda do mundo. Que essa alegria seja suficiente. Que amanhã eu possa ser melhor que hoje, dia após dia. Que eu consiga, ao final da minha história, ver beleza na vida e entender que ela deve ser vivida e encarada de peito aberto. Que a doença da Alice e a convivência de perto com a fragilidade da vida possam me ensinar a viver o hoje da melhor forma possível, pois é com o agora que podemos contar. Não, não temos todo o tempo do mundo, mas temos muito tempo, se passarmos a medi-lo pela intensidade do que vivemos, não pelas horas do relógio e as folhas do calendário. Que eu agradeça as bênçãos que nos foram dadas, ainda que a vida seja dura. Que eu possa sorrir novamente, ter orgulho da minha trajetória e fé no que há de vir.

Aos pulmões de quem lê estas páginas, desejo ar. Mais do que isso, desejo a consciência de que este ar que nos chega tão naturalmente, sem esforço algum, é uma dádiva diária que recebemos. Talvez, por acreditarmos que somos eternos ou por não pensarmos com frequência na finitude da vida, não olhemos com os olhos do coração para tantos milagres diários. O ar que enche nossos pulmões é um deles. Caminhar pelas ruas sentindo o vento no rosto e sendo aquecidos pelo sol é mais um. Temos, todos os dias, a chance de olhar o pôr do sol, de abraçar quem amamos, de sorrir, conhecer o mundo, conhecer as pessoas e aprender sempre um pouco mais. Temos a chance de mudar o rumo da nossa vida e da vida das pessoas que dividem conosco este tempo e este espaço.

Ainda que não tenhamos uma doença incurável, que possamos olhar para a vida com respeito, reconhecendo sua finitude e sabendo que, um dia, será o último dia. O fim do livro da vida será sempre o mesmo, mas o que acontece ao longo dele depende também de nós. Cada amanhecer é uma nova página no livro da nossa vida, e, independentemente do que nos acontece, podemos tentar preenchê-la da melhor forma possível. Desejo aos pulmões da Alice, aos meus pulmões e aos seus pulmões o fôlego, pelo tempo que for, para que, quando chegar a última página, tenhamos escrito com a nossa alma um livro bonito, do qual teremos orgulho e que possa inspirar outras histórias, outras lutas, outras curas.

Qual será a sua cura hoje?

Alice, minha princesa, agora você está nos livros.

editoraletramento
editoraletramento.com.br
editoraletramento
company/grupoeditorialletramento
grupoletramento
contato@editoraletramento.com.br
editoraletramento

editoracasadodireito.com.br
casadodireitoed
casadodireito
casadodireito@editoraletramento.com.br